AF284113

Thorge Lorenzen

Gesundheit. Motivation. Erfolg.
Welche Ausrede haben Sie?

Bibliografische Information der Deutschen Nationalbibliothek:
Die Deutsche Nationalbibliothek verzeichnet diese Publikation in der
Deutschen Nationalbibliografie; detaillierte bibliografische Daten sind im
Internet über http://dnb.dnb.de abrufbar.

2. Auflage, 05/2019

Foto Autor: Janine Guldener
Grafiken im Buch: Patrice Persaud
Grafik Umschlag: Conny Warmuth
Satz Text: Conny Warmuth

Herstellung und Verlag: BoD – Books on Demand, Norderstedt

ISBN: 978-3-75281-452-1

Haftungsausschluss:

Die Benutzung dieses Buches und die Umsetzung der darin enthaltenen Informationen erfolgt ausdrücklich auf eigenes Risiko. Der Verlag und auch der Autor können für etwaige Schäden jeder Art aus keinem Rechtsgrund eine Haftung übernehmen. Haftungsansprüche gegen den Verlag und den Autor für Schäden materieller oder ideeller Art, die durch die Nutzung oder Nichtnutzung der Informationen bzw. durch die Nutzung fehlerhafter und/oder unvollständiger Informationen verursacht wurden, sind grundsätzlich ausgeschlossen. Rechts- und Schadenersatzansprüche sind daher ausgeschlossen. Das Werk inklusive aller Inhalte wurde unter größter Sorgfalt erarbeitet. Der Verlag und der Autor übernehmen jedoch keine Gewähr für die Aktualität, Korrektheit, Vollständigkeit und Qualität der bereitgestellten Informationen. Druckfehler und Falschinformationen können nicht vollständig ausgeschlossen werden. Der Verlag und auch der Autor übernehmen keine Haftung für die Aktualität, Richtigkeit und Vollständigkeit der Inhalte des Buches, ebenso nicht für Druckfehler. Es kann keine juristische Verantwortung sowie Haftung in irgendeiner Form für fehlerhafte Angaben und daraus entstandener Folgen vom Verlag bzw. Autor übernommen werden.

Inhalt

PHASE III - UMSETZEN

ZUM ENDE

MEINE WELT VOLLER AUSREDEN

Wir sind häufig nicht ehrlich zu uns selbst. Schnell sagen wir uns: Das ist unmöglich. In der Regel meinen wir aber gar nicht, dass etwas unmöglich ist, sondern eher: Das ist mir zu unbequem. Es wäre vielleicht durchaus möglich, doch wir müssten uns womöglich einer Herausforderung stellen, mit weniger Geld auskommen, ein Risiko eingehen, umziehen, früher aufstehen, unsere Ernährung ändern oder vielleicht sogar alle diese Dinge tun ... Nein, das ist ja nun wirklich unmöglich.

Wir meinen also in den oben genannten Fällen oftmals gar nicht *„unmöglich"*, sondern *„unbequem"*.

Keine Sorge, dieses Buch wird Ihnen nicht all Ihre Ausreden wegnehmen. Sie können gerne der Welt gegenüber Ihre Ausreden behalten. Aber seien Sie doch wenigstens zu sich selbst ehrlich. Dann gibt es für Sie später auch kein *„Hätte ich doch mal ..."*

Dieses Buch wird Ihnen dabei helfen, Ihre eigenen Ausreden auch als solche zu erkennen. Danach haben Sie immer noch die Möglichkeit, alles beim Alten zu belassen oder Dinge anzugehen und gewünschte Veränderungen durchzuführen.

Eines der kostbarsten Dinge, die wir alle besitzen, ist unsere Zeit. Wir können mit ihr alles Mögliche anstellen: Wir können Geld verdienen, eine Familie gründen, sie in unsere Gesundheit investieren, unsere Träume verwirklichen, sie genießen etc. Wir können unsere Zeit aber auch ständig mit Ausreden füllen (wir nennen sie natürlich nicht *„Ausreden"*, sondern *„gute Gründe"*, *„Realität"* oder so ähnlich). Wir können Dinge nicht angehen, von verpassten Gelegenheiten reden, jammern, leiden und uns damit die Zeit vertreiben.

Dieses Buch soll Ihnen helfen, Ihre Zeit so zu nutzen, dass Sie für sich zufrieden sind. Es soll Ihnen helfen, Dinge zu realisieren, Ziele zu konkretisieren, die eigenen Ausreden zu überwinden und einfach durchzustarten.

Viel Spaß und Erfolg dabei, denn die schlechte Nachricht ist: Die Zeit vergeht wie im Flug, aber die gute ist: Sie sind der Pilot.

Schule: Eine weltfremde Welt für sich

Mich hat die Schule irgendwie nicht aufs Leben vorbereitet. Ich weiß nicht, wie es Ihnen früher ging, und wenn Sie heute Kinder haben, wie es diesen heute geht. Doch für mich war Schule irgendwie so eine Welt für sich. Ich habe in dieser Welt gelebt, seitdem ich sechs Jahre alt war, und das immer von Klassenarbeit zu Klassenarbeit, von Zeugnis zu Zeugnis. Es ging immer nur darum, irgendwie weiterzukommen, irgendwie versetzt zu werden.

Ich bin 13 Jahre zur Schule gegangen. Nicht, weil ich einmal sitzen geblieben wäre, sondern weil es damals G8 noch nicht gab und man in Schleswig Holstein, wo ich aufgewachsen bin, noch 13 Jahre zur Schule ging.

Als ich in der 12. Klasse war, kam mein Vater zu mir und fragte: „Was willst Du denn nun machen, wenn Du mit der Schule fertig bist?" Darüber hatte ich noch nicht nachgedacht. Ich wollte erst mal mein Abi machen, das war für mich schon Herausforderung genug.

„Ja", sagte er zu mir, „und danach, was willst Du denn danach machen? Willst Du studieren?"

Studieren war für mich wie weiter zur Schule zu gehen, und das wollte ich ganz sicher nicht.

„Dann wäre eine Ausbildung die zweite Option. Für eine Ausbildung in einem Unternehmen musst Du Dich ungefähr ein Jahr vorher bewerben", klärte er mich auf. *„Das wäre somit: JETZT."*

"Was für eine Ausbildung möchtest Du denn machen?"
Ich hatte keine Ahnung.

„Worin bist Du denn gut?", fragte mein Vater weiter.

Das traf mich wie ein Hammerschlag. Worin war ich eigentlich gut? Ich war überall eher durchschnittlich oder darunter. Worin ich nicht so gut war, hätte ich ihm sagen können, aber worin ich gut war ... Ich hatte keine Ahnung.

Es ist für mich ein unausgesprochener Skandal, dass heute noch immer so viele Kinder ihren Schulabschluss machen und wissen, was sie alles nicht können, aber überhaupt keine Ahnung haben, was sie wirklich gut können.

„Was ist Dir denn wichtig?", versuchte mein Vater es weiter. Diese Frage schien mir einfach zu beantworten zu sein: Ich wollte gerne viel Geld verdienen, das war mir offensichtlich wichtig. Und ich hatte damals viel Freude daran, in meiner Freizeit Tennis zu spielen. Das wollte ich gerne fortsetzen, doch was gab es da für Optionen? Zum Tennisprofi reichte mein Können nicht, nicht einmal zum Tennistrainer.

„Dann bewerbe ich mich eben bei einer Bank", dachte ich mir damals. Von einem Freund aus meinem Tenniskurs wusste ich, dass Banken Azubis mit die höchsten Einstiegsgehälter zahlten, nur Versicherungen lagen noch knapp darüber. Und das Tolle bei den Banken von damals waren die Öffnungszeiten. Um 8.00 Uhr wurde geöffnet, und um 16.00 Uhr wurde wieder geschlossen. Dann könnte ich doch schon um spätestens 17.00 Uhr auf dem Tennisplatz sein. Mittwochs hatten die Banken sogar nur bis 13.00 Uhr auf, das heißt, ich könnte schon ab 14.00 Uhr Tennis spielen.

Ich habe mich daraufhin bei verschiedenen Banken beworben, und eine Bank hat mich auch genommen. Ich habe dann drei Jahre lang eine Banklehre gemacht, was bisher die schlimmsten drei Jahre meines Lebens waren, doch ich möchte hier ausdrücklich anmerken: Das lag nicht unbedingt an der Bank. Die Ausbildung bei dieser Bank war tatsächlich erstklassig, es lag lediglich an der Kombination: Thorge und Bank. Das passte einfach nicht zusammen.

Und dennoch, ich habe etwas sehr Wichtiges gelernt. Ich habe gelernt, was passiert, wenn ich mich über einen langen Zeitraum hinweg zwinge, etwas zu tun, was mir keinen Spaß macht.

Ich bin in diesen drei Jahren sehr krank geworden. Ich hatte Neurodermitis, und meine Haut war im wahrsten Sinne der Spiegel meiner Seele. Im dritten Lehrjahr war meine Haut am ganzen Körper so zerkratzt, dass ich nicht nur keine Krawatten mehr tragen konnte. Ich musste auch an manchem Morgen mein Gesicht in ein Ölbad tauchen, damit die verkrusteten Augen aufgingen.

Während meines dritten Lehrjahres war ich dann drei Monate stationär im Krankenhaus und einer der damals härtesten Fälle in dieser Klinik: Ganzkörperverbände, Unmengen an Kortison, eine Ernährungsumstellung ... nichts half.

Umso erstaunlicher war es für alle, dass nicht einmal ein Jahr später alle Beschwerden verschwunden waren und in den letzten zwanzig Jahren auch nie mehr wiederkamen.

Was war passiert? Ich hatte mein Leben verändert. Ich habe die Banklehre zu Ende gemacht und bin nach dem Abschluss der Ausbildung für ein Jahr in die USA gegangen, um dort als Au Pair zu arbeiten und nebenbei Schauspiel zu studieren.

Danach habe ich zwei Jahre lang in Berlin beim Film gearbeitet, und in dieser Zeit habe ich wieder etwas gelernt. Ich habe gelernt, was alles möglich ist, von dem die ganze Welt um dich herum sagen würde, dass es unmöglich ist. Und mir ist aufgefallen, wie viele Menschen täglich zur Arbeit gehen und gar keinen Spaß an dem haben, was sie tun. Was macht das wohl mit diesen Menschen? Was macht das wohl mit den Unternehmen, in denen diese Menschen arbeiten? Was macht das wohl mit unserer Gesellschaft?

Ich hatte Glück, denn mein Ventil war und ist meine Haut. Man sieht mir relativ schnell an, wenn ich überlastet bin, mir etwas keinen Spaß macht oder mir etwas Stress bereitet. Doch wie geht es den vielen Menschen, deren Ventil andere Organe sind? Was tun sich viele Menschen täglich an? Und warum ändern sie nichts? Merken sie überhaupt, was sie da mit sich und ihrem Arbeitgeber machen?

Diese Fragen haben mich sehr beschäftigt, denn ich hatte gelernt, dass es auch anders geht. Ich hatte damals die Idee, die Welt durch die Erfahrungen, die ich gemacht hatte, zu verändern, und deshalb bin ich schließlich über meinen Schatten gesprungen und habe nach langem Zweifeln doch noch studiert.

Schon während meines Studiums habe ich ein Training entwickelt, das seit dem Jahr 2000 nicht nur SchülerInnen[1] und Studenten weltweit hilft, wirklich das zu tun, wozu sie sich berufen fühlen. Es unterstützt auch Mitarbeiter und Führungskräfte dabei, wieder fröhlicher zur Arbeit zu gehen. Und seit einigen Jahren helfen meine Mitarbeiter und ich auch Langzeitarbeitslosen, ihr Selbstbewusstsein wieder aufzubauen und eine Arbeit zu finden, die zu ihnen passt.

---

[1] *Es sind stets Personen männlichen und weiblichen Geschlechts gleichermaßen gemeint; aus Gründen der einfacheren Lesbarkeit wird im Folgenden immer nur eine Form verwendet*

Die Formel zur positiven Motivation

Wenn ich positive Motivation in einer Formel ausdrücken sollte, dann würde diese lauten:

*Leistungsbereitschaft + Perspektive =
positive Motivation*

*Leistungsbereitschaft - Perspektive =
negative Motivation*

Leistungsbereitschaft:

Das bedeutet für die unterschiedlichen Zielgruppen, dass sie noch immer viel Leistungsbereitschaft in sich tragen, aber:

Der Schüler wird plötzlich zum Störenfried, benimmt sich destruktiv und arbeitet nicht mehr mit.

Der Mitarbeiter oder vielleicht auch die Führungskraft kommt zwar noch zur Arbeit, macht aber nur noch das Nötigste. Dafür wird jetzt an allem und jedem herumgenörgelt. Schuld an der Lage ist in der Regel der ganze Stress, die Situation, der blöde Chef etc.

Langzeitarbeitslos heißt für gewöhnlich nicht, beschäftigungslos zu sein. Sei es der große Garten, der einen auf Trab hält, der Fernseher, die Enkelkinder oder was auch immer. Die meiste Energie wird allerdings selten in die Arbeitssuche gesteckt, wenn dort keine wirkliche Perspektive mehr gesehen wird. Fragt man diese Menschen, dann liegt es normalerweise am Arbeitsvermittler, an der ganzen Situation, an den blöden Politikern etc.

Ich habe beobachtet, dass meine Formel bei meinen Zielgruppen, so unterschiedlich sie auch sein mögen, in der Regel zutrifft.

Wenn der Schüler anfängt, sein Potential zu erkennen, sich traut, zu träumen und aus Wünschen konkrete Ziele zu formulieren, dann arbeitet er für gewöhnlich im Unterricht zielorientierter mit.

Mitarbeiter, die für sich eine Perspektive sehen, sei es privat oder beruflich, stehen loyaler zu ihrem Unternehmen, arbeiten effektiver und sind in der Regel auch seltener krank.

Selbst bei langzeitarbeitslosen Kursteilnehmern ist zu beobachten, dass viele, sobald wieder konkrete Ziele gesetzt werden, das heißt, eine Perspektive gegeben ist, auch nach jahrelangem Stillstand plötzlich in Bewegung kommen, wieder aktiv Arbeit suchen und für gewöhnlich auch finden.

Wieder eine Perspektive zu finden, ist also der entscheidende Schlüssel.

Es geht um die zentrale Frage:

Was erwarten Sie von Ihrem Leben?

Perspektiven finden und leben

Man kann diese Frage in drei Unterfragen unterteilen:

- Wo befinden Sie sich jetzt gerade?

- In welche Richtung möchten Sie Ihr Leben gerne entwickeln?

- Was sind Sie bereit, dafür zu tun/zu leisten?

Vor einiger Zeit habe ich mit einer Dame gesprochen, die seit über zwanzig Jahren Seminare zum Thema „Burn-out" gibt. Ich fragte sie, was für sie als Expertin der wohl häufigste Grund für ein Burn-out sei.

„Die fehlende Perspektive", sagte sie sofort. „Dass die Leute gar nicht mehr wissen, wo sie hinwollen", waren ihre genauen Worte. „Weil sie nur noch beschäftigt, beschäftigt, beschäftigt sind ... und sich damit völlig aufreiben."

Wie vielen Menschen fehlt die Perspektive im Job? Wie viele haben innerlich bereits gekündigt?

Wie viele leisten nicht mehr den positiven Beitrag im Unternehmen, den sie beisteuern könnten?

Wie viele Langzeitarbeitslose haben bei der Jobsuche längst aufgegeben? Was kostet das unsere Gesellschaft und vor allem: Welch hohen Preis zahlt der Einzelne selbst?

Wir leben heute in einer Zeit voller Möglichkeiten. Noch nie gab es auf der Welt so viele Möglichkeiten, sich zu entfalten, die eigenen Stärken auszuleben und damit Geld zu verdienen, wie heute.

Umso erstaunlicher ist es, wenn man sich die Ergebnisse der Gallup-Studie zum Thema „Begeisterung am Arbeitsplatz" in Deutschland anschaut.

Das Gallup Institut misst unter anderem jährlich, wie stark Mitarbeiter emotional mit ihrem Unternehmen verbunden sind, und das damit verbundenen Engagement, also die Motivation für ihre Arbeit. Stark vereinfacht zusammengefasst, hat die Studie in den letzten Jahren gezeigt, wie wenig Mitarbeiter begeistert von ihrer Arbeit bzw. ihrem Arbeitgeber sind und so nur „Dienst nach Vorschrift" machen.

Bei der Studie wird zwischen drei verschiedenen Kategorien unterschieden. Erstens, gibt es Mitarbeiter mit einer „hohen emotionalen Bindung". Diese wären sicher begeistert von ihrer Arbeit und dem Unternehmen, in dem sie arbeiten. Zweitens Mitarbeiter mit einer „geringen emotionalen Bindung an ihre Arbeit oder/und ihren Arbeitgeber. Diese Mitarbeiter werden mit Sicherheit gerade mal noch „Dienst nach Vorschrift" ableisten, aber nicht mehr.

In der dritten Kategorie sind Menschen mit gar keiner emotionalen Bindung an ihre Arbeit oder das Unternehmen, in dem sie arbeiten. Diese Mitarbeiter haben innerlich bereits gekündigt und können die Atmosphäre im Team vergiften. Es reicht oft schon ein Mitarbeiter, der ständig nörgelt und destruktiv ist, um andere runterzuziehen und die Stimmung schlecht werden zu lassen. Gerade in so einer Situation ist es eine echte Herausforderung für jede Führungskraft, das Team immer wieder neu zu inspirieren sich selbst zu motivieren.

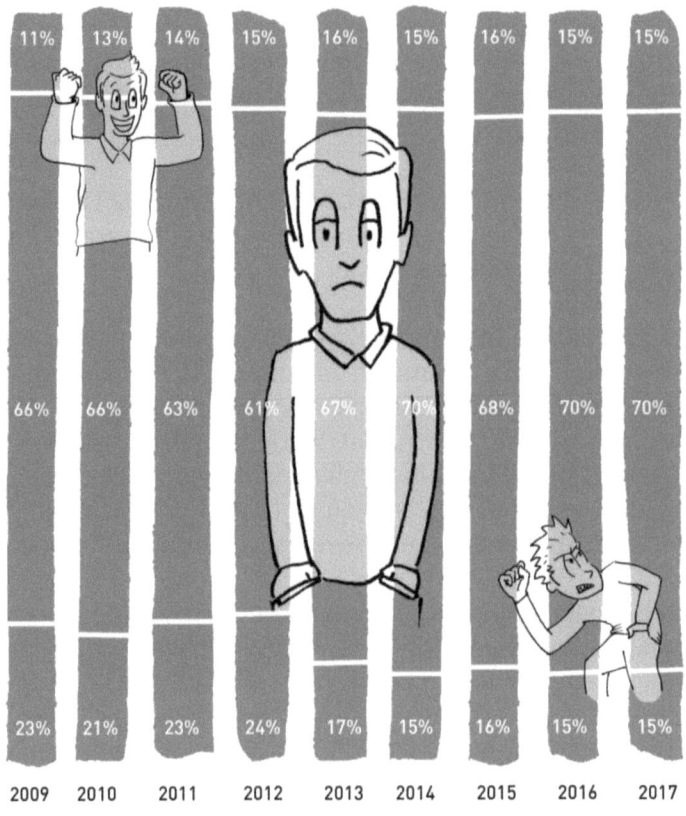

	2009	2010	2011	2012	2013	2014	2015	2016	2017
	11%	13%	14%	15%	16%	15%	16%	15%	15%
	66%	66%	63%	61%	67%	70%	68%	70%	70%
	23%	21%	23%	24%	17%	15%	16%	15%	15%

Die Grafik zeigt, dass in den letzten Jahren die Zahl der Menschen, die begeistert mit einer hohen emotionalen Bindung zur Arbeit gehen, stagniert. Wenn man die Zahlen seit Beginn der Messung in 2001 anschauen würde, dann würde man die Folgen der Wirtschaftskrise in 2008 und 2009 deutlich sehen. Den Unternehmen ging es schlechter, man musste sparen, Privilegien fielen weg, Arbeitsplätze wurden abgebaut und die Anzahl der Mitarbeiter, die innerlich gekündigt hatten, stieg deutlich an. Erst ab 2013 bekam man diese Situation langsam wieder in den Griff. Ein Kraftakt, der Unternehmen sicher viel Geld und Mitarbeiter wie Führungskräfte viel Nerven gekostet hat.

Es wird auf einen Blick auf die Grafik deutlich, dass der größte Teil der Menschen in Deutschland eine geringe emotionale Bindung an seine Arbeit bzw. seinen Arbeitgeber hat. Deutschland ist eines der wirtschaftlich stärksten Länder auf der Welt, welches seinen Bürgern überdurchschnittlich viele Möglichkeiten der Berufswahl gibt. Es ist auf den ersten Blick paradox, dass sich in einer Zeit wie heute so viele Menschen gerade in Deutschland für eine Arbeit entscheiden, bei der sie nur bereit sind, „Dienst nach Vorschrift" zu leisten. Noch schlimmer steht es um den immer noch viel zu hohen Prozentsatz derer, die innerlich bereits gekündigt haben. In Deutschland war das im Jahr 2017 immerhin jeder Sechste. Gott bewahre, dass sich darunter Ihr Herzchirurg befand oder vielleicht sogar der Lehrer Ihrer Kinder.

Doch wie komme ich überhaupt in so eine Situation und vor allem, was kann ich tun, um sie so zu verändern, dass ich ein glückliches, zufriedenes und erfülltes Leben führe?

PHASE I

KAPITEL 1

OPFER SEIN ADE

Eine der größten Herausforderungen ist es für viele von uns, einfach nur wir selbst zu sein. Kurioserweise haben die meisten Menschen im Kopf, dass so, wie sie sind, nicht ausreichend ist. Das ist einer der Gründe, warum so viele Menschen sich beim ersten Date verstellen. Wir meinen uns von unserer besten Seite zeigen zu müssen. So gekünstelt oder unrealistisch, wie das auch immer aussehen mag.

Die Fragen *„Wer bin ich"* und *„Was macht mich aus"* sind nicht so einfach zu beantworten, wie sie auf den ersten Blick scheinen. Deswegen werden wir uns im Folgenden intensiv mit diesem Thema beschäftigen

Das Gegenteil von gut ist gut gemeint.

„Das bin ich!" So präsentieren Sie sich normalerweise anderen Menschen und der Welt.

Teilen wir Ihre Realität für einen Moment in Ihre innere Realität und Ihre äußere Realität.

Ihre innere Realität besteht aus allem, was innerlich in Ihnen vorgeht, körperlich gesehen natürlich aus Ihren Organen. Die innere Realität, auf die ich mich hier beziehe, besteht vor allem aus Ihren Gedanken und Gefühlen.

Jedem Gedanken folgt ein Gefühl. Das heißt, wenn Sie sich beispielsweise schuldig fühlen, liegt es daran, dass Sie sich Gedanken machen, die die Ursache dafür sind, dass Sie sich schuldig fühlen. Wenn Sie diese Gedanken verändern, verändert sich auch Ihr Gefühl. Doch dazu später mehr.

Ihre äußere Realität ist das, was von außen kommt, also das, was Ihnen in Ihrer Welt passiert. Zur äußeren Realität gehören zum Beispiel die Menschen, die Sie treffen, und die Möglichkeiten, die Sie sehen.

Nun kann man sich überlegen: Wie ist das denn mit der inneren und der äußeren Realität? Ist es so, dass die innere Realität die äußere erschafft? Wenn dies so ist, dann bedeutet das überspitzt ausgedrückt: Sie denken etwas, und das passiert dann auch. Oder ist es eher umgekehrt? Ist es so, dass die äußere Realität die innere erschafft? Wenn dies der Fall ist, heißt das, Ihnen passiert etwas von außen und Sie reagieren mit Ihren Gedanken darauf.

Natürlich ist beides der Fall. Die Frage ist jedoch, welcher Sichtweise Sie mehr Gewicht beimessen. Die meisten Menschen sind meiner Erfahrung nach der Ansicht, dass die äußere Realität die innere erschafft. Sie leben dementsprechend, indem sie die ganze Zeit auf das reagieren, was ihnen von außen passiert.

Wir haben das schon als Kind so gelernt. Kinder sind wie Schwämme, die die Welt erst einmal kennenlernen und alles Neue in sich aufsaugen. Sie lernen, auf das zu reagieren, was ihnen von außen passiert. Und wenn sie dann älter werden, ist der Weg des geringsten Widerstandes, niemals damit aufzuhören.

Wenn ich die ganze Zeit auf das reagiere, was mir von außen passiert, ist jeder andere "schuld" an meiner Situation, nur ich nicht. „Ich war es nicht", oder: „Ich kann nichts dafür." Das ist erst mal ein gutes Gefühl, denn an mir liegt es ja nicht, aber andererseits ist es auch eine sehr kindliche Reaktion und null lösungsorientiert.

Die Erklärungen, woran es liegt, dass man selbst nicht weiterkommt, sind zahlreich. Es liegt an der ganzen Situation, den blöden Politikern, dem vielen Stress usw.

AUS DER PRAXIS

Immer wieder sagen Arbeitslose zu ihrem Arbeitsvermittler: „Es liegt an Ihnen, dass ich noch immer keinen Job habe. Suchen Sie mir einen. Tun Sie mal etwas. Wenn Sie ein bisschen mehr arbeiten würden, hätte ich längst wieder Arbeit. Also tun Sie endlich was."

Auch Mitarbeiter stellen sich vor ihren Chef und sagen: „Lächeln Sie doch mal mehr. Seien Sie mal ein bisschen freundlicher und loben Sie mich öfter. Wenn Sie ein bisschen anders wären, hätte ich viel mehr Lust zu arbeiten. Ändern Sie was, dann geht es mir besser."

Das sind klassische Beispiele für die innere Haltung: „An mir liegt es nicht, es liegt an dem anderen." Das ist doch ein gutes Gefühl, oder? Leider ist das überhaupt keine Lösung.

Doch da spielt noch ein zweites Gefühl eine Rolle, und das ist alles andere als gut:

Wie fühlt man sich, wenn es am anderen liegt und der nichts ändert? Man fühlt sich ausgeliefert. Man fühlt sich machtlos. Man fühlt sich hilflos. Und das ist kein gutes Gefühl.

Es gibt ein Buch von Martin Seligmann mit dem Titel *„Erlernte Hilflosigkeit".* In diesem Buch beschreibt Seligmann einen Versuch mit Laborratten, der zu folgender Erkenntnis führte: Wenn man eine Laborratte in eine Männerhand einsperrt, dann kratzt sie, beißt sie und versucht, aus der Hand zu entkommen. Irgendwann macht die Ratte eine Pause. Und irgendwann werden die Pausen länger und länger, bis sie aufhört, es zu versuchen. In dem Moment, in dem sie aufhört, es zu versuchen, hat man die Ratte hilflos gemacht. Wenn man die Ratte dann in eine Situation bringt, in der sie auf Leben und Tod kämpfen muss, kämpft sie noch ca. dreißig Minuten und gibt dann auf. Eine Ratte, die man nicht hilflos gemacht hat oder die noch Auswege sieht, kämpft für gewöhnlich sechzig Stunden. Ein enormer Unterschied!

Das ist der Unterschied zwischen jemandem, den man hilflos gemacht hat, und jemandem, der noch Auswege sieht.

Wir Menschen sind zwar keine Ratten, aber wir ticken ziemlich ähnlich.

Stellen Sie sich folgende Situation vor: Ein Vater sitzt mit seinem Sohn auf dem Teppich. Sie bauen einen Turm. Jedes Mal, wenn der Kleine dabei ist, einen Fehler zu machen, durchzuckt es den Vater und er sagt: „Warte, ich mach das für dich." Eine gut gemeinte Aktion mit eventuell fatalen Folgen: Man könnte meinen, dass der Kleine auf diese Weise nichts lernt. Das stimmt so aber nicht, denn er lernt durchaus etwas, nämlich: „Ich bin darin überhaupt nicht gut. Ich habe dazu überhaupt keine Lust. Und ich werde das nie wieder selbstständig machen." Dem Kind wird die Eigenverantwortung abtrainiert.

Um es mit den Worten von Kurt Tucholsky auszudrücken: *„Das Gegenteil von gut ist gut gemeint."* Wir meinen es gut und laden andere dazu ein, sich hilflos machen zu lassen.

Doch kehren wir zurück zu unserem Bild von der inneren und der äußeren Realität. Ist es auch möglich, dass die innere Realität die äußere erschafft? Mit anderen Worten, dass sich meine Gedanken in meiner Umwelt manifestieren? Ist es möglich, dass ich etwas denke und es passiert?

Stellen Sie sich die Sonne vor. Ein einzelner Sonnenstrahl hat Kraft, aber er hat nicht viel Kraft. Er hat nicht so viel Kraft, dass er ein Blatt Papier einfach entzünden könnte. Gott sei Dank, denn ansonsten würde jeden Morgen, wenn die Sonne aufgeht, alles auf der Erde verbrennen. Das passiert zum Glück nicht. Dennoch kann ein Sonnenstrahl so stark werden, dass er ein Blatt Papier in Brand setzen kann, nämlich dann, wenn man eine Lupe dazwischenschaltet.

Eine Lupe bündelt viele Sonnenstrahlen zu einem kraftvollen Sonnenstrahl, der so stark wird, dass er das Blatt Papier hier in diesem Buch anzünden könnte.

Das gilt auch für unsere Gedanken. Ein einzelner Gedanke hat ähnlich wie ein einzelner Sonnenstrahl zwar Kraft, aber nicht sehr viel. Wenn man jedoch diesen Gedanken durch eine Lupe schickt, dann wird er stark.

Die große Frage ist natürlich: Was ist in diesem Fall die Lupe? Was macht einen Gedanken stark? Die meisten Menschen würden sagen: *„Das ist der Wille. Man muss etwas unbedingt wollen, dann bekommt man das auch hin."*

Das ist aber, wie wir aus Erfahrung wissen, nicht richtig. Der Wille ist etwas anderem untergeordnet.

Wenn es nicht der Wille ist, was ist es dann? Häufig kommt hier die Antwort: *„Es ist der Glaube. Der Glaube versetzt bekanntlich Berge."* Unsere Überzeugungen bewirken, dass uns immer die Dinge passieren, von denen wir aus tiefstem Herzen überzeugt sind. Unser Wille beugt sich in der Regel unseren Überzeugungen, doch wie kommen diese Überzeugungen zustande?

Bleibt immer noch die Frage: Was ist die Lupe? Was macht bloß einen Gedanken stark? Was macht ihn so stark, dass er eine Überzeugung formt?

Stellen Sie sich vor, Sie gehen zum Sport ins Fitnessstudio und machen zwanzig Minuten lang Sit-ups. Haben Sie dann einen Waschbrettbauch? Nein. Warum nicht? Sie haben doch gerade zwanzig Minuten lang Sit-ups gemacht. Das Resultat ist auch deutlich zu spüren, aber dennoch haben Sie keine sichtbare Veränderung erzielt. Das liegt daran, dass ein Muskel nur dann wächst, wenn man ihn wieder und wieder und wieder trainiert.

So ähnlich ist es auch mit Ihren Gedanken. Wenn Sie einen Gedanken einmal denken, hat er überhaupt keine Auswirkung. Wenn Sie ihn aber wieder und wieder und wieder denken, dann wird er irgendwann stark.

Das heißt, das wichtigste Wort in diesem ganzen Buch heißt *„Wiederholung"*. Durchhalten und Beständigkeit sind die Devise.

Wiederholung ist die Lupe. Wiederholung macht einen Gedanken stark. Wenn Sie einen Gedanken einmal denken, passiert gar nichts. Wenn Sie ihn aber wieder und wieder und wieder denken, dann glaubt Ihr Kopf plötzlich, dass die Welt so gehört.

Unser Gehirn hat eine Besonderheit: Es möchte immer recht behalten. Das bedeutet: Sobald Sie glauben, dass die Welt so gehört, dann tun Sie unbewusst, also ohne es zu merken, alles dafür, dass die Welt auch so wird.

Daraus folgt: Sie schaffen Ihre Lebensumstände, Ihre Realität im Grunde selbst. Es ist zwar alles Mögliche vorhanden, doch Sie sehen nur noch das, wovon Sie selbst überzeugt sind. Die Welt gehört so – Ihre Welt gehört so. Und Sie beweisen sich immer wieder, dass Sie recht haben.

Stellen Sie sich zum Beispiel jemanden vor, dessen Leben funktioniert, alles ist paletti, alles ist in Ordnung. Doch jeder hat auch mal einen schlechten Tag. Dieser Jemand denkt sich fünf- oder sechsmal im Jahr: *„Ach, ich kriege heute echt nichts hin."* Wird das sein Leben verändern, wenn er das fünf- oder sechsmal im Jahr denkt? Natürlich nicht. Es hat überhaupt keinen Einfluss. Wenn Sie sich aber jemanden vorstellen, der sich jeden Tag fünfzig- oder sechzigmal denkt: *„Ich kriege nichts hin, ich kriege nichts hin, ich kriege nichts hin."*

Irgendwann glaubt er es selbst. Und was passiert dann? Er kriegt plötzlich wirklich nichts mehr hin. Auf einmal ist das, was er denkt, das, was ihm von außen passiert.

Sein Wille ist dem Ganzen übrigens völlig untergeordnet. Wenn man ihn fragt: *„Willst du nichts hinkriegen?"*, wird er antworten: *„Natürlich, aber es klappt einfach nicht. Obwohl ich wirklich alles versuche."*

Das bedeutet: Sobald er glaubt, dass die Welt auf eine bestimmte Art und Weise gehört, tut er unbewusst alles dafür, dass die Welt, nämlich seine Welt, auch so wird.

Eigenverantwortung

Führen wir das Ganze einen Schritt weiter: Wer denkt Ihre Gedanken für Sie? Ich gehe davon aus, das tun Sie selbst. Sollte es irgendeinen Leser geben, der seine Gedanken nicht selber denkt, dann soll er mir bitte schreiben.

Wir denken unsere Gedanken selbst. Wenn Sie Ihre Gedanken selbst denken und wir davon ausgehen, dass Ihre Gedanken das schaffen, was Ihnen passiert – wer hat dann das, was Ihnen passiert, zumindest mit geschaffen? Sie selbst. Das ist für manche Menschen eine bittere Erkenntnis, denn wem können Sie jetzt die Schuld nicht mehr geben? Den anderen.

Es ist auf den ersten Blick so viel einfacher, von einem anderen zu erwarten, dass er etwas verändert, als selbst in Aktion zu treten.

Aber hier liegt auch eine ganz große Chance, denn Sie selbst können ab sofort etwas verändern.

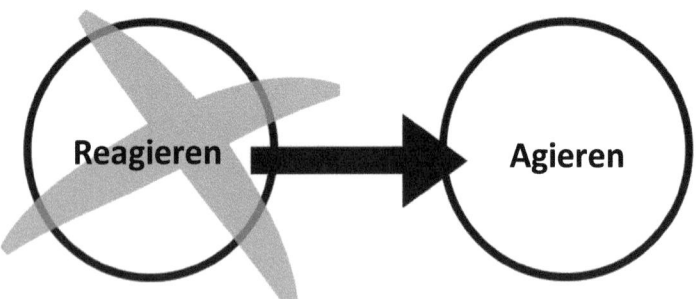

Unser Leben verändert sich in dem Moment, in dem wir aufhören, nur zu reagieren, und bewusster damit anfangen, auf unsere Gedanken zu achten. Das klingt erst einmal recht leicht, ist aber in der Umsetzung verdammt schwierig. Denn uns wurde Hilflosigkeit antrainiert, und sie aufzubrechen, ist eine Herausforderung.

Sie können aus dem ewigen Reagieren und dem Opferdasein aussteigen. Und mit dieser Erkenntnis sind Sie plötzlich in der Eigenverantwortung.

Sie übernehmen bewusst die Verantwortung für Ihr eigenes Leben, und das fühlt sich in letzter Konsequenz gut an, auch wenn es erst einmal anstrengender ist.

„Wer die Verantwortung hat, hat die Macht", sagte neulich ein Kursteilnehmer zu mir.

Das heißt, das Schwerste an diesem Buch wird für Sie vermutlich nicht sein, etwas Neues dazuzulernen. Die größere Herausforderung könnte darin liegen, das Gewohnte und bisher als richtig Befundene in Frage zu stellen.

Sitzen Sie im richtigen Theater?

Ist die Welt wirklich so, wie Sie glauben? Oder ist sie nur in ihrem Falle so, weil Sie es glauben?

Lassen Sie mich das an einem Beispiel aus meinem Leben verdeutlichen:

Mein leider viel zu früh verstorbener Großonkel war ein großer Fan von Tony Bennett. Vor einigen Jahren beschloss ich, in seinem Gedenken zu einem Konzert von Tony Bennett in Berlin zu gehen. Tony Bennett sollte dort im Admiralspalast auftreten. Ich kaufe mir in der Regel bei einem Konzert die Eintrittskarte direkt vor der Tür. Das spart die Vorverkaufsgebühr, und meistens kann ich noch ein bisschen mit dem Preis handeln. Ich war noch nie zuvor im Admiralspalast gewesen. Der Admiralspalast befindet sich direkt am Bahnhof Friedrichstraße. Ich kam gegen 19:50 Uhr dort an und war überrascht von der großen Menschenmenge, denn immerhin ist Tony Bennett schon über 80. Ich fand es toll, dass sich noch so viele Menschen für seine Musik interessieren. Sogar Lehrer mit Schulklassen standen vor dem Admiralspalast. Super, dass ein Lehrer beim Berlinbesuch mit seiner Klasse zu so einem Weltstar geht. Das hätte ich mir bei unserer Klassenfahrt auch gewünscht, aber wir hatten langweiligere Abendaktivitäten.

Ich sah eine alte Dame, die ungefähr im Alter von Tony Bennett war, und mir war sofort klar: Die will auch zu dem Konzert. Sie wurde von ihrer Familie begleitet: Mutter, Vater und ein ca. 15-jähriger Sohn. Und ich bekam mit, wie die Mutter zu ihrem Mann sagte: *„Wir müssen unbedingt noch unsere eine Karte loswerden."*

„Kein Problem", fiel ich ihr sofort ins Wort, *„ich kaufe sie Ihnen ab. Was soll sie denn kosten?"*

„27,50 Euro", sagte sie zu mir und hielt mir die Karte unter die Nase. *„Sie sitzen in Reihe 12 ziemlich mittig auf Platz 12. Es ist ein echt guter Platz"*, versuchte sie mir den Handel schmackhaft zu machen, *„und es ist ein besonders angenehmer Platz"*, setzte sie nun noch einen drauf, *„denn Sie sitzen neben uns, und wir sind ganz nett."*

„Das passt ganz gut", antwortete ich, *„denn ich bin auch ganz nett."* Dann zeigte sie mir die Karte. Oben rechts stand relativ klein, aber dick gedruckt, der Preis: 27,50 Euro, und unten links stand ganz klein: Reihe 12, Platz 12.

Ich versuchte dann noch, den Preis auf 25 Euro herunterzuhandeln, aber die Dame blieb hartnäckig bei ihren 27,50 Euro.

Der Deal war perfekt, und die netten Menschen sagten mir, ich müsse zum Nebeneingang und in den zweiten Stock gehen. *„Gut, dass Sie mir das sagen"*, meinte ich, *„ich wäre verkehrt gegangen und hätte den Haupteingang genommen."*

Ich kaufte mir dann noch schnell an der Currywurstbude neben dem Theater eine Currywurst und eine Cola und hörte draußen vor der Bude, wie Verkäufer Karten für Tony Bennett anpriesen. Ich dachte mir dabei nur: Gott sei Dank, ich habe ja schon eine.

Auf dem Weg in den zweiten Stock, nachdem ich meine Currywurst gegessen hatte, hörte ich schon den dritten Gong. Die Kartenabreißerin an der Tür schnauzte mich an, dass ich die noch nicht ganz ausgetrunkene Cola zumindest unter meinem Pullover mit ins Theater hätte schmuggeln können. Aber dann war ich schließlich drin.

Ich muss sagen, das Theater war auffällig klein. Es waren vielleicht zwanzig Reihen, und ich saß in Reihe 12 schon fast im letzten Drittel. Na ja was kann man erwarten: Ein Weltstar, der über 80 ist ... So viele wollen den offenbar doch nicht mehr sehen, dachte ich mir sofort.

Ich nahm direkt neben der alten Dame Platz, schaute sie fröhlich an und fragte: *„Na, freuen Sie sich auch schon auf Tony Bennett?"* Sie schaute etwas blöd zurück, antwortete aber nicht, denn in diesem Moment wurde es dunkel und zwei Klavierspieler kamen auf die Bühne. Die werden Tony Bennett bestimmt begleiten, dachte ich mir.

Und dann kamen drei weitere Leute auf die Bühne: zwei Damen und ein Herr, die anfingen, etwas auf Deutsch zu singen. Das ist sicher die Vorgruppe, war meine Erklärung, doch ich habe mich, offen gestanden, in dem Moment schon gewundert, wie Herr Bennett das mit den Vorgruppen wohl löst. Ob er in jeder Stadt eine andere Vorgruppe hat, oder ob die Vorgruppe mit ihm mitreist?

Nach 15 Minuten Vorgruppenprogramm wurde ich leicht ungehalten und dachte mir: Der macht es sich aber wirklich leicht. Während diese Vorgruppenleute für ihn die ganze Arbeit übernehmen, sitzt er sicher hinter der Bühne und lässt sich die Nase pudern. Das war der Moment, in dem ich ernsthaft überlegte, *„Buh"* zu rufen, denn immerhin wollte ich langsam, aber sicher mal Tony Bennett sehen. Dafür hatte ich schließlich bezahlt. Aber als ich mich dann umschaute und die Leute um mich herum alle ganz ruhig waren, dachte ich mir, dass schon alles in Ordnung ist. Nach zwanzig Minuten kam eine vierte Person auf die Bühne, und es wurde richtig politisch. Da ging mir durch den Kopf, dass ich diese blöde Vorgruppe auf der Karte gar nicht gesehen hatte, also zog ich meine Karte noch einmal hervor, um zu sehen, was darauf stand, und da stand fett: *BLONDE REPUBLIK DEUTSCHLAND - POLITIKKABARETT.*

Daraufhin sprang ich auf, bitte denken Sie daran, dass ich mittig saß – und beschimpfte die eben noch so freundlichen Leute mit den Worten: *„Sie haben mir die falsche Karte verkauft. Ich wollte doch zu Tony Bennett (SIE HABEN MIR DIE FALSCHE VERKAUFT... So weit zum Thema ERLERNTE HILFLOSIGKEIT)."* Die arme Frau sah mich sprachlos an und flüsterte, auf die anderen Gäste rücksichtnehmend: *„Das wussten wir doch nicht."*

„Ich muss hier raus", bahnte ich mir meinen Weg nach draußen, und auch die Kartenabreißerin bekam noch ihr Fett weg: *„Ich wollte zu Tony Bennett"*, ging ich meckernd an ihr vorbei.

„Ja, der tritt nebenan im Admiralspalast auf", sagte sie über die Situation lachend. *„Sie sind hier in der Distel."* Ich wusste zuvor gar nicht, dass es dort noch ein Theater namens *Distel* gab.

Vor der Tür waren alle Kartenverkäufer weg. Kein Wunder, die Vorstellung hatte vor gut zwanzig Minuten begonnen.

Ich lief in den Admiralspalast und konnte durch die verschlossenen Türen Tony Bennett laut schallend singen hören. Das klang schon eher nach Weltstar, aber die Kassen waren alle geschlossen. Und die Türen auch. Der Sicherheitsmann, der vor den Türen stand, schaute mich ratlos an, als ich ihm erklärte, ich bräuchte noch eine Karte, denn ich hätte vor der Tür die falsche Karte gekauft, und ich wolle doch unbedingt zu Tony Bennett.

„Die Kassen sind alle geschlossen", sagte er, *„eine Karte bekommen Sie hier nicht mehr. Stehen Sie auf der Gästeliste?"* Natürlich stand ich nicht darauf.

„Warten Sie mal einen Moment, bitte", meinte er, *„ich frage mal meinen Chef."* Er ging dann zu seinem Chef, kam zurück und sagte: *„Da sind noch ein paar Plätze frei. Ich mache Ihnen jetzt ausnahmsweise die Tür auf, gehen Sie einfach rein, suchen Sie sich einen schönen Platz und haben Sie einen tollen Abend."*

Der Punkt an dieser Geschichte ist: Viele Menschen leben ihr Leben auf diese Weise. Sie leben ihr Leben so, dass sie sich im falschen Theater befinden und es überhaupt nicht merken.

Bei meinem Theatererlebnis war von Anfang an klar, dass ich falsch lag. Es gab genügend Dinge im Vorfeld, die nicht zusammenpassten, die ich aber nicht bewusst erkannte: Die Karte war viel zu billig für einen Weltstar in der zwölften Reihe. Das Theater war viel zu klein.

Doch ich hatte jedes Mal sofort eine Ausrede parat, pardon: eine Erklärung, zum Beispiel, dass der Künstler ja schon über 80 ist und ihn deshalb nicht mehr viele sehen wollen. Dann kamen die falschen Leute auf die Bühne, und für mich war sofort klar: Das ist die Vorgruppe. Das ging so lange, bis ich einmal BEWUSST auf die Karte schaute, denn ich hatte mir die Karte ja auch schon beim Kauf angesehen. Ich hatte nach oben rechts geschaut, um zu sehen, wie viel sie kostet, und nach unten links, um herauszufinden, wo ich sitze. Beides stand auch relativ klein auf der Karte, und in der Mitte stand fett in großen Buchstaben BLONDE REPUBLIK DEUTSCHLAND. Für mich stand da jedoch TONY BENNETT. So lange, bis man einmal bewusst auf die Karte schaut, steht da das, was man für die Realität hält.

Wenn man es dann merkt, hat man mehrere Möglichkeiten: Man kann im Theater sitzen bleiben und sich den ganzen Abend weiter ärgern. Oder man kann das Theater verlassen und nach Hause gehen, man hat ja nur ein paar Euro verloren. Oder man kann die falsche Vorstellung verlassen und versuchen, in die Vorstellung zu kommen, in die man eigentlich wollte.

Das ist Eigenverantwortung: Sie merken, dass etwas nicht stimmt, und Sie sind bereit, die Verantwortung für Ihr Leben zu übernehmen.

KAPITEL 2

RUMPEL
STILZCHEN
IM KOPF

Unser Bewusstsein ist ganz klein. Es kann im Grunde immer nur einen Gedanken zur selben Zeit festhalten. Das kann man sich in Form einer vereinfachten Darstellung merken. Für das Verhältnis von Bewusstsein und Unterbewusstsein wird gerne das Bild des Eisbergs verwendet. Beim Eisberg ist es so, dass nur die Spitze – das Bewusstsein – oben herausschaut. Der größte Teil – das Unterbewusstsein – ist unter Wasser verborgen.

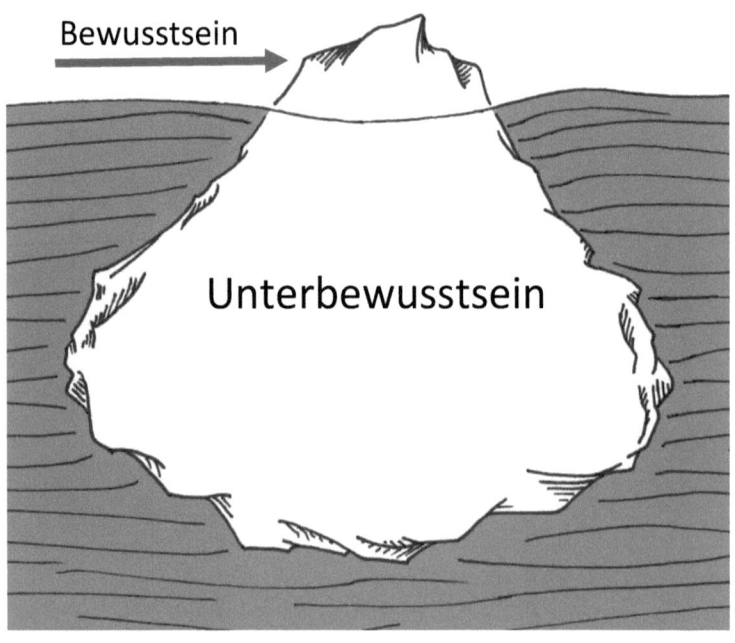

Bewusstsein

Unterbewusstsein

Was passiert eigentlich mit unseren Gedanken, wenn wir sie gedacht haben? Sind die danach weg?

Nein, ganz im Gegenteil, sie gehen in unser Unterbewusstsein und werden dort abgespeichert. Unsere Gedanken gehen in diesen *„Eisberg"* hinein und werden dort alle gesammelt.

Die Gedanken werden dort aber nicht nur abgespeichert. Das Unterbewusstsein macht etwas mit diesen Gedanken: Es verarbeitet sie. Im Grunde programmiert es uns, indem es Programme schreibt, und diese Programme kennen wir alle.

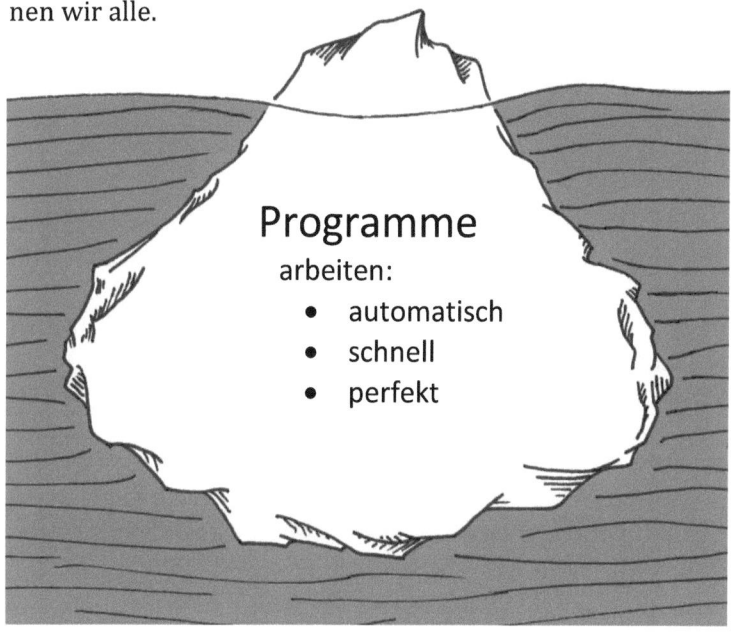

Programme

arbeiten:

- automatisch
- schnell
- perfekt

Gerade Menschen, die uns nahestehen, zum Beispiel unsere Eltern, unsere Kinder, unsere Geschwister, unsere Partner, können bei uns bestimmte Knöpfe drücken. Oft müssen sie nur ein einziges Wort sagen, und wir flippen völlig aus. Manchmal müssen sie auch gar nichts sagen. Sie müssen nur den Raum betreten und uns schief anschauen oder falsch atmen, und wir flippen aus. Fünf Minuten später tut es uns leid, und wir denken: Ach, warum konnte ich nicht einen Tick cooler reagieren? Wir konnten aber nicht cooler reagieren, weil wir einfach automatisch reagiert haben. Diese Programme laufen nämlich automatisch ab, was uns eine herrliche Ausrede für den nächsten Streit liefert: *„Tut mir leid, Schatz, das war automatisch ..."*

Die Programme können aber noch viel mehr. Wenn ich zum Beispiel frage: *„Was ist fünf mal fünf?"*, würde jeder sofort antworten: *„25."* Haben Sie für diese Antwort gerechnet? Nein. Wow, das können Sie einfach so. Sechs mal sechs ist 36, auch das weiß man einfach so. Das heißt, wenn etwas zu einem Programm geworden ist, dann läuft es schnell und perfekt ab. Niemand würde sagen: *„Fünf mal fünf ist dreißig."* Wir wissen, fünf mal fünf ist 25, dafür braucht man nicht zu überlegen.

Bei 37 mal 28 dauert die Antwort schon etwas länger. Sobald Sie bewusst über etwas nachdenken müssen, brauchen Sie mehr Zeit, denn das Bewusstsein ist langsam und macht eventuell sogar Fehler. Sobald etwas aber im Unterbewusstsein zu einem Programm geworden ist, läuft es ganz von selbst ab.

Es wird sogar noch besser: Wenn etwas zu einem Programm geworden ist, können viele Programme gleichzeitig ablaufen, und das Bewusstsein ist immer noch frei, sich mit anderen Dingen zu beschäftigen. Das weiß jeder, der mal den Führerschein gemacht hat. Die ersten Fahrstunden sind meistens eine Katastrophe. Der Fahrlehrer sagt: *„Passen Sie auf, es ist ganz leicht. Linke Hand ans Lenkrad, mit der rechten Hand schalten, mit dem linken Fuß kuppeln, mit dem rechten Fuß Gas geben oder bremsen. Auf den Außenspiegel, den Rückspiegel und auf die Geschwindigkeit achten, in der Spur bleiben, die Fußgänger am Leben lassen, den Radweg sichern, das Stoppschild nicht übersehen!!!"* So viele Dinge gleichzeitig! Kaum zu schaffen.

Zwanzig Jahre später setzen Sie sich ins Auto und machen das alles gleichzeitig und können nebenbei noch über Ihre Freisprechanlage telefonieren, eine Diskussion führen oder über Verschiedenes nachdenken. Sie können alles Mögliche beim Autofahren tun, weil es nicht mehr Ihr Bewusstsein ist, das den Wagen steuert, sondern Ihr Unterbewusstsein.

Wenn etwas zu einem Programm geworden ist, können viele Programme gleichzeitig ablaufen. Deshalb ist das Unterbewusstsein das Zentrum Ihrer Kraft. Diese Programme sind der Schlüssel zum Leben. Sie sind der Schlüssel zu dem, was passiert.

An dieser Stelle möchte ich übrigens mit dem Mythos aufräumen, Männer wären nicht multitaskingfähig. Das ist, meiner Meinung nach, großer Quatsch. Dass viele Programme gleichzeitig ablaufen, gilt für jeden Menschen. Autofahren zum Beispiel ist Multitasking pur. Wenn das männliche Gehirn nicht multitaskingfähig wäre, könnten Männer nicht Auto fahren. Das würde sie völlig überfordern. Aber Männer können Autofahren, weil sie es geübt haben. Meine

These ist eine ganz andere: Der Grund, warum wir glauben, dass Frauen multitaskingfähiger wären als Männer, besteht darin, dass Frauen in unserer und in vielen anderen Kulturen wesentlich mehr Aufgaben übernehmen als Männer. Sie sind viel mehr gefordert und haben daher wesentlich mehr Übung. Wenn Männer genauso viel üben würden wie Frauen, dann wären sie genauso multitaskingfähig. Beim Autofahren klappt es ja auch.

Ich bin mir sicher, dass einige Frauen in diesem Moment das Buch zur Seite legen und rufen werden: *„Schatz, es gibt gute Nachrichten. Ich lese hier gerade ein spannendes Buch, auch DU bist multitaskingfähig, und ab heute wirst Du üben."*

Ich fasse noch einmal kurz zusammen: Unser Unterbewusstsein ist riesengroß, speichert alles, vergisst nichts, schreibt Programme, die schnell und perfekt funktionieren. Es können sogar Programme gleichzeitig ablaufen. Und wo ist der Haken? Wofür haben wir dann überhaupt noch ein Bewusstsein, wenn es langsam ist und Fehler macht?

Warum Betrunkene glauben sie könnten Autofahren

Unser Unterbewusstsein hat entscheidende Schwächen.

Eine dieser Schwächen ist, dass das Unterbewusstsein immer nur auf das reagiert, was passiert, und zwar mit Mustern, die es schon kennt. Es kann nicht bewusst agieren, es reagiert nur automatisch.

Warum ist es eigentlich verboten, betrunken Auto zu fahren? Menschen, die getrunken haben, manchmal sogar zu viel, haben dennoch häufig das Gefühl, sie könnten noch Auto fahren.

Und im Grunde haben sie damit auch recht. Betrunkene können noch Autofahren. Auch sturzbetrunken schalten sie noch immer im richtigen Moment in den dritten Gang. Das Programm des reinen Autofahrens läuft im Unterbewusstsein noch ganz perfekt. Das Problem ist, im Bewusstsein ist keiner mehr zu Hause. Das heißt, wehe, die Ampel, die sonst immer grün ist, ist dieses Mal rot. Das Programm fährt trotzdem weiter. Wehe, es läuft ein Kind vor das Auto. Das Programm fährt über das Kind, weil es gar nicht gewohnt ist, in dem Moment zu bremsen. Übrigens müssen Sie nicht mal betrunken sein, um dieses Gefühl zu kennen. Wenn Sie zwanzig Jahre lang den gleichen Arbeitsweg hatten und plötzlich hat sich die Vorfahrt geändert, dann haben Sie ein echtes Problem. Oder Sie sind umgezogen, und plötzlich stehen Sie wieder vor Ihrer alten Wohnung. Hier wollten Sie eigentlich gar nicht hin, Sie sind aber automatisch hingefahren. Unsere Programme lenken uns einfach automatisch, wenn wir nicht aufpassen.

Die zweite Schwäche unseres Unterbewusstseins ist, dass es nicht unterscheiden kann zwischen Richtig und Falsch, zwischen Gut und Schlecht. Es differenziert überhaupt nicht. Es speichert einfach mal jeden Gedanken – auch die destruktiven und auch die, die uns kaputtmachen. Und die funktionieren genau wie die anderen auch: schnell, perfekt und automatisch. Sie zerstören schnell, perfekt und automatisch unsere Ziele, unsere Träume, unser Leben, alles.

Deshalb haben wir unser Bewusstsein. Im Bewusstsein ist der Kontrollturm, das Steuerrad. Das Bewusstsein erkennt Veränderungen und unterscheidet, was uns guttut und was nicht.

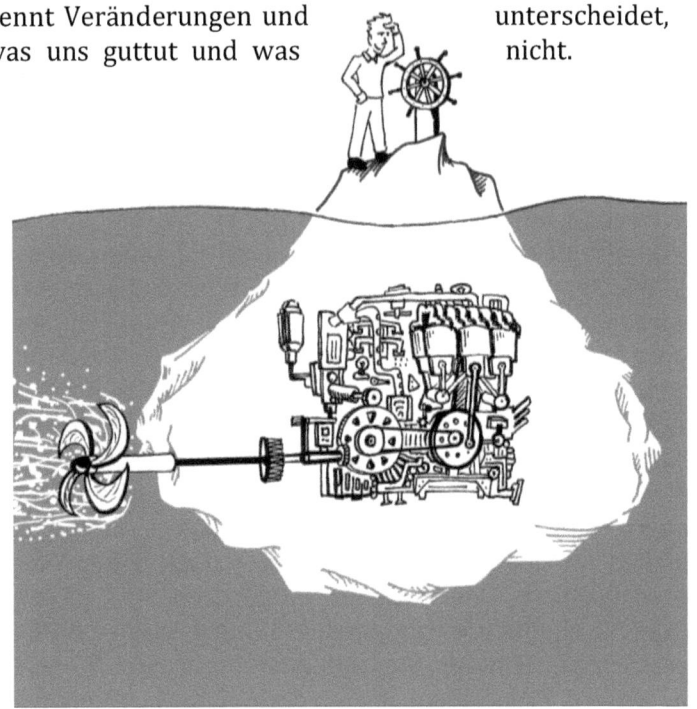

Wenn aber unser Unterbewusstsein gar nicht unterscheiden kann zwischen Richtig und Falsch, zwischen Gut und Schlecht, wonach entscheidet es dann, ob etwas für uns besonders wichtig ist?

Es geht um die Intensität eines Gedankens. Je intensiver der Gedanke ist, desto mehr prägt er sich ein und desto tiefere Spuren hinterlässt er in unserem Gehirn, Bauch oder auch Herz. Man geht mittlerweile sogar davon aus, dass unser Darm ein Erinnerungsvermögen hat. All das macht besonders dann Sinn, wenn wir uns klar machen, dass unsere Erinnerung über unsere Gefühle läuft. Je stärker uns etwas berührt, desto besser und effektiver können wir es uns merken.

Es gibt mehrere Möglichkeiten, wie ein Gedanke intensiv werden könnte. Die erste und wohl häufigste Möglichkeit ist: Wiederholung. Steter Tropfen höhlt den Stein. Einen Gedanken immer wieder zu denken, macht ihn stark.

Denken Sie einen Gedanken einmal, passiert gar nichts. Denken Sie ihn immer wieder und wieder, kommt der Punkt, an dem unser Unterbewusstsein plötzlich glaubt, die Welt gehöre wohl so. Das Programm muss besonders stark geschrieben werden.

Unser Gehirn hat im Durchschnitt ca. 100 Milliarden Gehirnzellen.

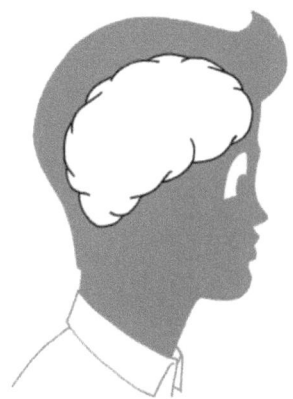

Wie werden diese Gehirnzellen aktiviert? Ein Bekannter sagte mir mal mit einem Augenzwinkern: durch Stromschläge. Nun, ganz unrecht hatte er nicht. Unser Gehirn wird dadurch aktiviert, dass wir denken. Ein Gedanke ist nichts anderes als ein kleiner elektrischer Reiz, der eine Gehirnzelle mit der nächsten verbindet: eine Synapse entsteht.

Im Grunde kann man sich das Ganze vorstellen wie eine Wiese. Wenn man einmal über eine Wiese läuft, was passiert mit dem Gras? Es wird platt getreten, steht dann aber sofort wieder auf. Eigentlich passiert nichts Großartiges. Wenn

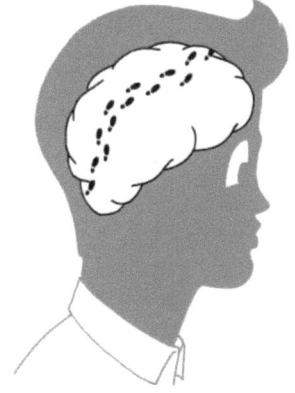

man aber wieder und wieder über diese Wiese läuft, was passiert dann mit dem Gras? Es bleibt platt. Das heißt, es entsteht ein Trampelpfad.

Wenn man zu der Wiese kommt und der Trampelpfad bereits besteht, nimmt man natürlich den Trampelpfad, weil es einfacher geht. Je öfter man den Trampelpfad benutzt, desto schneller wird daraus ein Weg. Und irgendwann ist es eine Autobahn. Das ist der Moment, in dem man nur noch einen Impuls braucht, und sofort läuft ein Automatismus ab.

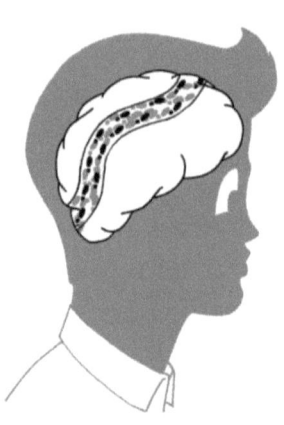

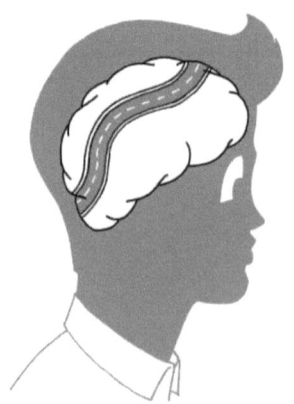

Wir alle haben solche Autobahnen in unserem Gehirn. Wenn Sie so eine Autobahn einmal fest installiert haben, dann ist die große Frage: Können Sie sie wieder löschen? Die Antwort darauf ist tatsächlich: Nein. Wenn Sie so eine Autobahn einmal richtig fest installiert haben, dann läuft der Automatismus. Das kann etwas sehr Gutes sein.

AUS DER PARXIS

Vor Jahren war ich auf die Osterinsel eingeladen, um als Trainer bei einem Seminar für die Manager einer Firma mitzuwirken. Es war ein viertägiges Training, bei dem ich nur den ersten Tag geleitet habe. Das bedeutet, ich hatte die anderen drei Tage frei.

Deshalb lieh ich mir ein Mountainbike, um mir die Osterinsel anzusehen. Die Dame vom Fahrradverleih sagte: „Probieren Sie es doch hier am Hügel gleich mal aus." Ich dachte: Oje, da mache ich mich vermutlich zum Affen. Ich war seit vielen Jahren nicht mehr Fahrrad gefahren. Doch dann stieg ich auf das Fahrrad und war sehr verwundert, wie gut ich noch Fahrrad fahren konnte.

Wenn man einmal Fahrrad fahren kann, dann kann man es. Wenn Sie einmal richtig gut schwimmen können, dann können Sie zwanzig Jahre nicht geschwommen sein: Wenn Sie in den Pool fallen, ertrinken Sie trotzdem nicht, weil das Programm für Schwimmen sofort wieder anspringt. Wenn Sie einmal etwas richtig draufhaben, dann können Sie es jahrelang nicht gemacht haben, und Sie haben dennoch den Impuls nicht verloren, und das Programm springt bei Bedarf wieder an.

Das bedeutet allerdings im Umkehrschluss auch, dass ein Alkoholiker sein Leben lang Alkoholiker bleibt. Ich wusste das nicht, bis ich 2001 bei einem Vortrag in Colorado war. Ein 53-jähriger Mann stellte sich vor unsere Gruppe und sagte: *„Ich bin Alkoholiker. Ich bin ein Alkoholiker, der seit 15 Jahren nicht* *mehr trinkt. Aber ich bin immer noch Alkoholiker.*" Das heißt, ein Alkoholiker kann ein neues Programm schreiben. Er kann sich umprogrammieren, eine Therapie machen, aber das alte Programm ist immer noch da. Deshalb ist es absolut verboten, nach einem Alkoholentzug ein Bier zu trinken oder ein Glas Wein. Auch Schokolade, die Alkohol enthält, ist gefährlich, denn die Wahrscheinlichkeit, dass das Programm wieder anspringt, ist ähnlich hoch wie die Wahrscheinlichkeit, dass Sie nach 20 Jahren noch schwimmen können, wenn Sie ins Wasser fallen.

Es ist nie zu spät!

Das Gute ist, dass wir unser Leben lang die Möglichkeit haben, die Programme zu verändern. Wir sind unseren Programmen alles andere als ausgeliefert. Und auch wenn sie nie ganz verschwinden und immer reaktiviert werden können, so schafft es unser Gehirn doch, sie durch regelmäßiges Training so stillzulegen, dass wir leicht mit ihnen leben können. Um zu verdeutlichen, was ich damit meine: Ganz am Anfang mag sich das Programm so anfühlen wie eine Kette mit einem zentnerschweren Stein daran, die wir um den Hals tragen und die uns nach unten zieht. Doch irgendwann ist es so, als hätten wir nur noch einen winzigen Kieselstein an dieser Kette. Wir haben noch immer diesen Stein, und er wird auch immer bei uns bleiben, denn er ist ein Teil von uns, aber er zieht uns nicht mehr runter.

Wir können unser Leben lang neue Programme schreiben. Was ist das Schwerste, wenn Sie ein Programm ändern möchten? Man könnte meinen, das Schwerste ist tatsächlich, das Programm zu ändern. Das stimmt aber nicht. Ja, es ist schwer, ein bestehendes Programm zu ändern, denn dieses bestehende Programm ist natürlich erst mal stärker als das neu entstehende. Doch um ein Programm beständig verändern zu können, müssen wir erst einmal für uns selbst erkennen, dass wir ein Programm haben, was uns das Leben schwer macht. Das ist deswegen so besonders schwer, weil unser Kopf bereits geschriebene und somit bestehende Programme ungern in Frage stellt.

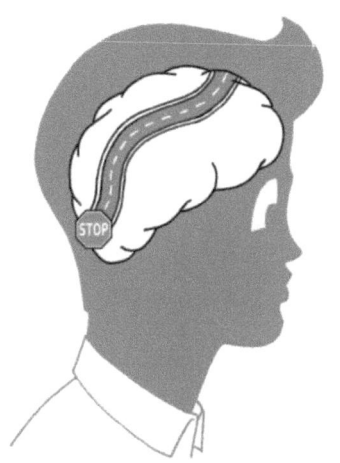

Im zweiten Schritt brauchen wir einen guten Grund, dieses Programm zu verändern. Und hier wird der Wille wichtig. Wenn das **„Warum"** fehlt, haben wir nicht genug Willenskraft, um ein Programm neu zu schreiben. Und dann gewinnt mal wieder der innere Schweinehund. Wenn aber das *„Warum"* wichtig genug ist, dann geht plötzlich einiges, was vorher unmöglich erschien.

Das ist zum Beispiel auch der Grund, warum Frauen, die schwanger werden, urplötzlich und ohne Probleme aufhören können zu rauchen. Das *„Warum"*, nämlich das Kind, ist ihnen wichtig genug, um sofort mit dem Rauchen aufzuhören. Ihre eigene Gesundheit war ihnen nicht so wichtig, mit der haben sie ohne Bedenken gespielt.

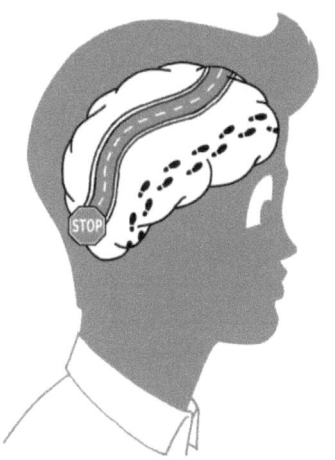

Denn wir wissen alle, dass es beim Rauchen nicht um die Frage geht, ob man vom Rauchen Krebs bekommt, sondern nur darum, wann man ihn bekommt. Doch wenn es die Gesundheit des Kindes betrifft, möchten schwangere Frauen kein Risiko eingehen. Wenn das *„Warum"* wichtig genug ist, kann man die meisten Programme sofort stoppen. Einige sind allerdings so stark, dass therapeutische Hilfe in Anspruch genommen werden muss. Dies wäre zum Beispiel bei Alkohol oder noch härteren Drogen der Fall.

Welche Programme haben Sie?

_____

_____

_____

_____

_____

_____

_____

_____

_____

_____

Wie ich mir oft selbst im Weg stehe

Wer hat eigentlich die Programme geschrieben? Wir haben sie selbst geschrieben. Nun möchte sich aber keiner von uns langfristig selbst kaputtmachen. Warum schreiben wir also Programme, die uns langfristig kaputtmachen, wenn sich das niemand bewusst selbst antun möchte?

Der Grund dafür ist so absurd wie einfach: Diese Programme waren nicht immer schlecht für uns. In dem Moment, in dem wir ein Programm geschrieben haben, hat es einmal ein Problem für uns gelöst. In dem Moment hat es uns geholfen, schwierige Situationen zu überstehen, uns vielleicht sogar gerettet. Und in dem Moment erschien es uns angebracht, richtig und gut, dieses Programm zu haben. Das Problem an der Geschichte ist jedoch: Wir lassen das Programm immer weiterlaufen, sodass es schließlich zu einer Gewohnheit geworden ist. Einer Gewohnheit, die überhaupt nicht mehr zeitgemäß und angebracht ist, die sogar inzwischen kontraproduktiv und schädigend wirkt. Da wir aber das Gewohnte ja nicht in Frage stellen, laufen diese Programme, die eigentlich längst reif für das Abstellgleis wären, gnadenlos immer weiter. Viele dieser Programme entstehen schon in unserer frühesten Kindheit, wobei die ersten fünf Jahre besonders prägend für uns sind. Der Grund dafür ist unter anderem, dass unser Gehirn in dieser Zeit am aktivsten ist, denn es bildet nie wieder im Leben so schnell neue Synapsen und lernt so viel dazu wie in den ersten fünf Lebensjahren. Mit sechs Jahren nimmt diese Aktivität in der Regel rapide ab, also genau in dem Alter, in dem die Einschulung der meisten Kinder stattfindet. Ob es hier allerdings einen Zusammenhang gibt oder nicht, möchte ich dem Leser und der Hirnforschung überlassen.

Dennoch entstehen durchaus nicht alle Programme in den ersten 5 Jahren unseres Lebens, diverse Programme schreiben wir auch erst viel später: Vor einigen Jahren habe ich einen kompletten zwölften Jahrgang in einem Gymnasium trainiert, und dabei ist mir etwas aufgefallen: Etwa achtzig Prozent dieser Schüler hatten das Programm *„Schule ist scheiße."* Dieses Programm entsteht nicht erst in der zwölften Klasse, sondern vielleicht in der fünften, nachdem ein Schüler die ersten negativen Erfahrungen, die ersten Misserfolge erlebt hat. Und wer ist einem

Schüler in der fünften Klasse besonders wichtig? Wer findet es vielleicht cool, wenn man sagt: *„Schule ist scheiße."*? Die Mitschüler, die Freunde, die Kumpels.

Zum Beispiel treffen sich zwei Schüler auf dem Schulhof, und der eine sagt: *„Mensch, Schule ist total scheiße."* Was antwortet dann der andere? *„Haste recht."* Hand drauf, und man hat einen Kumpel, man gehört dazu, super. Die beiden umgeben sich dann übrigens nur noch mit Mitschülern, die ihnen beweisen, dass sie recht haben, alle anderen, die nicht so ticken wie sie, sind Streber und Schleimer. Wenn die beiden also beispielsweise Hans auf dem Schulhof treffen, der sagt: *„Ich finde Schule ganz toll"*, dann reden sie mit Hans ab sofort kein Wort mehr und halten sich lieber an Lars, der auch findet, dass Schule total scheiße ist.

Es entsteht also das Programm *„Schule ist scheiße"*, doch jetzt kommen die zwei irgendwann in die zwölfte Klasse und wollen sich auf das Abi vorbereiten. Hilft ihnen jetzt das Programm *„Schule ist scheiße"*? Wahrscheinlich eher nicht. Sie merken aber gar nicht mehr, dass sie es haben, denn ihre Welt gehört für sie ja so.

Dann ist die Schule irgendwann beendet, das Programm läuft aber immer weiter. Wodurch wird die Schule jetzt ersetzt? Ganz einfach, jetzt heißt es eben: *„Studium ist scheiße"*, *„Ausbildung ist scheiße"*, *„Arbeiten generell ist scheiße"*, oder: *„Der Job ist eine Zumutung."* Und wenn Sie fünfmal einen Scheiß-Chef hatten, ist die Wahrscheinlichkeit, dass es nicht am Chef liegt, ziemlich groß.

Vor einigen Jahren, als ich in einer großen Firma ein Seminar gab, kam eine Frau zu mir und sagte: *„Wissen Sie, ich habe genau dieses Programm, von dem Sie gerade gesprochen haben. Ich hatte immer einen furchtbaren Chef. Und jetzt habe ich so eine tolle Chefin. Und ich bin mir auch dessen bewusst, dass sie toll ist. Aber ich kann es nicht haben, wenn sie hinter mir sitzt, während ich arbeite. Sobald sie hinter mir sitzt und mir bei der Arbeit über die Schulter schaut, werde ich nervös, bekomme Schweißausbrüche und kann nicht mehr arbeiten. Das liegt daran, dass ich dieses Programm aus der Schulzeit habe, von dem Sie gerade berichtet haben."*

Ich habe in einem meiner späteren Seminare dieses Beispiel aufgegriffen und den Teilnehmern davon erzählt. Ungefähr ein halbes Jahr später meldete sich ein Seminarteilnehmer zu Wort, der mir widersprach und sagte: *„Das ist doch Quatsch, was Sie da behaupten. Wenn ich ein selbstsicherer Mensch bin, ist es völlig egal, was für Programme ich habe. Dann kann hinter mir sitzen, wer will."*

Doch ich kann Ihnen versichern, dass das nicht stimmt. Unsere Programme machen in der passenden Situation auch den selbstsichersten Menschen im Handumdrehen zur Schnecke.

Götter in Weiß: Die Angst vor dem Zahnarzt besiegen

Meine Großeltern waren zum Beispiel recht selbstbewusste Menschen. Das hielt an, bis zu dem Moment, in dem sie eine Arztpraxis betreten mussten. Sobald dort jemand im weißen Kittel vor ihnen stand, hieß es plötzlich nur noch: *„Ja. Ja, selbstverständlich, alles was Sie wollen.“*

Ich muss nicht mal bis in die Generation meiner Großeltern zurückgehen. Ich würde auch mich als eher selbstbewussten Menschen bezeichnen, aber wehe, ich muss zum Zahnarzt. Ich gehöre zu den Menschen, die immer im Dezember beim Zahnarzt anrufen und sagen: *„Hallo, ich müsste mal so stempeltechnisch vorbeikommen.“*

Im Dezember 2011 hat sich Folgendes abgespielt: Ich bin im Dezember meistens bei meinen Eltern, um Weihnachten zu feiern, und dieses Mal fragte meine Mutter: *„Na, Thorge, warst du dieses Jahr schon beim Zahnarzt?“* Als ich verneinte, erwiderte sie: *„Du, hier im Ort ist ein neuer Zahnarzt. Der ist großartig, das habe ich schon ausprobiert. Da kannst du doch mal hingehen."* Das habe ich dann auch getan, und er war wirklich ganz nett. Ein junger, weltoffener, sympathischer Mann, der außerdem nichts gefunden hat, was es in meinem Mund zu beanstanden gab, und dann finde ich Zahnärzte sowieso immer großartig.

Im Dezember 2012 dann das gleiche Spiel. Meine Mutter fragte: *„Na, Thorge, warst du schon beim Zahnarzt?"* Ich erwiderte: *„Nein, aber da gehe ich gerne wieder hin."* Also rief ich gleich an und bekam mit der Bemerkung: *„Ach, nur zum Nachschauen, das geht ja schnell"*, noch am selben Tag einen Termin. Als ich schließlich erwartungsvoll in diesem Zahnarztstuhl saß und mich auf den jungen, coolen Zahnarzt freute, ging die Tür auf und eine Frau kam herein. Sie sagte: *„Guten Tag, ich bin Ihre Zahnärztin"*, und ich dachte, mich trifft der Schlag: Was war denn mit diesem jungen coolen Zahnarzt passiert? Der war in Urlaub. Er hatte in der Weihnachtszeit im Jahr zuvor gearbeitet, und nun war seine Kollegin dran.

Und diese Kollegin hat tatsächlich etwas gefunden. Das erste Mal seit 15 Jahren gab es bei mir etwas zu reparieren. Ich fragte die Zahnärztin: *„Oh, was machen wir denn jetzt? Müssen Sie den Zahn jetzt etwa ziehen?"* Und sie antwortete: *„Na, Sie haben ja eine Heidenangst. Ihnen muss mal etwas Schlimmes passiert sein."* Und das stimmte. Jetzt, als sie das sagte, fiel es mir plötzlich wieder ein, ich hatte es ganz vergessen. Als ich drei Jahre alt war, sind mir meine oberen fünf Schneidezähne abgebrochen. Was ganz viele Menschen nicht wissen, ist, dass Milchzähne auch Wurzeln haben, und diese Wurzeln wurden mir nach den damaligen Zahnarztmethoden ausgegraben. Das heißt, zwei Leute haben mich festgehalten, einer hat mir den Mund aufgehalten, und der Zahnarzt hat die Wurzeln ausgegraben.

Es gibt also eine weitere Möglichkeit, wie ein Programm entstehen kann: durch ein traumatisches Ereignis, und da reicht oftmals schon ein einziges negatives Erlebnis. Es ist dann, wie wenn eine Feuerwalze über unsere Wiese im Gehirn walzen würde, und mit einem einzigen Mal hat sich dieses Programm in Ihnen manifestiert.

Doch zurück zur Zahnärztin. Nachdem ich ihr von meinem Erlebnis als Kind erzählt hatte, sagte sie zu mir: *„Wissen Sie, ich will Ihnen mal kurz erklären, wie Ihr Kopf so funktioniert. Damit Sie Dinge nicht ständig neu lernen müssen, schreibt unser Gehirn Programme."* Sie wusste natürlich nicht, was ich beruflich mache, insofern hörte ich ihren Erklärungen voller Erstaunen zu und sagte: *„Ach, das ist ja spannend."* Daraufhin meine Zahnärztin: *„Ja, und Sie müssen jetzt Folgendes tun: Sie müssen erkennen, dass sie nicht mehr drei Jahre alt sind."* Ich schaute sie mit den hilflosen Augen eines Dreijährigen an und meinte: *„Aha."* Sie sagte: *„Sie waren damals dieser Situation hilflos ausgeliefert. Das sind Sie heute nicht mehr. Wenn Sie heute zu mir kommen, sind Sie der Chef, nicht ich. Ich bin hier nur der Dienstleister. Ich sage Ihnen zwar, was in Ihrem Mund gemacht werden müsste, aber Sie entscheiden, ob es gemacht wird oder nicht. Und wenn Sie mitten in der Therapie „Stopp!" sagen, dann höre ich sofort auf und Sie können aufstehen und gehen. Sie sind hier der Chef, nicht ich."*

Das hatte ich noch nie so gesehen. Ich hatte es noch nie so betrachtet, dass mir der Arzt zwar Tipps gibt und mich berät, was mit meinem Körper gemacht werden müsste, aber ich entscheide, ob es gemacht wird oder nicht. Zu der Zahnärztin bin ich wieder gegangen, und ich gehe seitdem regelmäßig und ohne Furcht zum Zahnarzt, weil ich erkannt habe, dass ich auch wieder gehen kann, wenn mir danach ist. Ich bin der Situation nicht hilflos ausgeliefert wie ein Dreijähriger, der zur Schlachtbank geführt wird.

Ups, das war jetzt gerade original meine Mutter ...

Wie werden die meisten Programme geschrieben?

1. **Bewusst:** Das bedeutet, indem man uns etwas erzählt und wir übernehmen es dann für uns.

2. **Durch Nachahmung:** Das bedeutet durch Handlungen, die man uns vorgelebt hat und die wir unbewusst nachahmen.

Tatsächlich ahmen wir ca. neunzig Prozent nach, und das geschieht unbewusst. Nur ca. zehn Prozent schreiben wir bewusst.

Stellen wir uns beispielswese Helga vor. Helga ist Raucherin und hat eine Tochter. Sie sagt zu ihrer Tochter: *„Du musst nicht rauchen. Das ist furchtbar schädlich."* Wenn Helga nun danach aber rausgeht und eine Zigarette raucht, dann kann sie sich diese Worte schenken. Die Wahrscheinlichkeit, dass Helgas Tochter anfangen wird zu rauchen, ist enorm groß, weil sie ihre Mutter nachahmt – und das tut sie unbewusst, das heißt, ohne dass sie es merkt.

Und jetzt wird es im folgenden Absatz paradox: Die Wahrscheinlichkeit, dass Helgas Tochter anfangen wird zu rauchen, steigt um ein Vielfaches, wenn es Helgas Tochter nervt, dass Helga raucht, oder wenn sie darunter leidet. Gerade die Dinge, unter denen wir ständig leiden, die Dinge, die uns total nerven, gerade diese Dinge ahmen wir später nach. Aber warum gerade diese Dinge? Wir könnten ja auch die anderen nachahmen.

Das sind Momente, die wohl jeder kennt: Ich sage etwas und ertappe mich im gleichen Moment bei dem Gedanken: Hey, das war jetzt gerade eben Originalton meine Mutter. Dabei handelt es sich übrigens nicht gerade um die in meinen Augen tollsten und vorbildlichsten Worte und Reaktionen meiner Mutter, sondern eher um solche, bei denen ich denke, das kann doch nicht sein. Die haben mich selbst endlos genervt. Und jetzt sage ich sie plötzlich auch. Zum Beispiel sagen Sie zu Ihrem Kind: *„Mach mal deine furchtbare Musik leiser ..."* Dann brechen Sie mitten im Satz ab und denken: Oh Gott, das hat mein Vater früher immer zu mir gesagt. Oder sie sagen: *„Solange du deine Füße unter meinen Tisch stellst ..."* Und Sie denken: Das kann doch nicht sein, dass ich das hier gerade gesagt habe. Gerade die Dinge, unter denen wir selbst früher gelitten haben, ahmen wir nach. Doch warum gerade diese?

Man geht in der Psychologie davon aus, dass man etwas dann am leichtesten aushalten kann, wenn man es auch selbst tut.

Wir haben ein Grundbedürfnis: Jeder von uns möchte geliebt werden und sich geliebt fühlen. Wenn uns nun aber die Welt von außen diese Liebe nicht in Form von Wärme und Herzlichkeit bietet, sondern in Form von Schlägen und Ignoranz, dann passt unser Kopf unsere Definition von Liebe unbewusst an. Das bedeutet, ich fühle mich dann geliebt, wenn ich geschlagen und ignoriert werde.

Wer schon einmal mit Jugendlichen gearbeitet hat, die wegen häuslicher Gewalt aus ihren Familien genommen wurden, weiß, was in der Regel passiert, wenn man danach mit diesen Jugendlichen versucht, über ihre Eltern zu diskutieren. Diese doch offensichtlich misshandelten Kinder stehen für ihre Eltern ein. Sie verteidigen in der Regel ihre Eltern, und man könnte meinen, es wären die besten Eltern der Welt.

Eltern haben einen besonderen Status in unserem Leben. Sie sind für uns als Kinder erst mal unsere Leitbilder, von denen wir Liebe und Anerkennung wollen und brauchen. Für uns als Kind sind die Eltern perfekt, und was sie sagen, ist Gesetz. Natürlich ist es nur eine kindliche Illusion, dass die Eltern perfekt sind, aber für unseren Kopf ist diese Illusion wahr und auch wichtig, weil sie uns Halt und Sicherheit gibt.

Deshalb ist die Wahrscheinlichkeit groß, dass wir auch später unbewusst alles dafür tun, das frühere Verhalten der Eltern oder auch der Großeltern möglichst nicht in Frage zu stellen.

Denn dieses Verhalten in Frage zu stellen, könnte bedeuten, am eigenen Fundament zu rütteln und vielleicht sogar das Gefühl zu bekommen, sich die Liebe der eigenen Eltern abzuerkennen.

Wenn wir aber das Verhalten der Eltern nicht in Frage stellen, sondern so übernehmen, ist die Wahrscheinlichkeit sehr groß, dass wir später unbewusst genauso handeln, wie sie es getan haben. Das geht sogar so weit, dass wir die Komplexe der Eltern weiterleben und oftmals sogar noch intensivieren.

Eine Möglichkeit, dieser Misere zu entkommen, ist es, den Eltern zuzugestehen, dass sie nicht so perfekt waren, wie wir als Kleinkind dachten. Ihnen zuzugestehen, dass sie selbst Sorgen und Probleme hatten, mit Verzweiflung und Ängsten umgehen mussten, eigene Komplexe bewältigen mussten, vielleicht mit Programmen ihrer eigenen Eltern zu kämpfen hatten etc.

Wenn wir uns das bewusst machen, bietet es uns die Möglichkeit, unseren Eltern ihre Fehler und Schwächen nicht nur zuzugestehen, sondern vielleicht sogar zu verzeihen. Und das wiederum gibt uns die Freiheit, plötzlich auch anders handeln zu können. Es befreit uns aus diesem Korsett der Definition, die wir vorgelebt bekommen haben. Wir können erkennen, dass Liebe durchaus auf andere Art und Weise gelebt und gezeigt werden kann, und bewusster auf unsere eigenen Bedürfnisse hören und eingehen.

Übrigens ist es nie zu spät, den Eltern oder auch anderen Menschen zu verzeihen. Sie können dies auch tun, wenn diese Menschen schon längst verstorben sind. Denn es geht ja hier um Ihre Programme und um Ihre Zukunft.

Ein Wort der Warnung muss allerdings noch sein: Je älter wir werden, desto mehr manifestieren sich diese Programme und desto dringender und wichtiger ist es, der Generation vorher zu verzeihen. Was nicht genügt, ist zu sagen: Ich möchte auf keinen Fall so werden wie mein Vater. Das nützt erst einmal nichts.

Entscheidender und besser wäre es zu sagen: Mein Vater ist beziehungsweise war so, wie er eben war. Er hatte seine Fehler, Schwächen und Eigenheiten, die ich ihm zugestehe und verzeihe. Ich liebe ihn trotzdem, auch wenn ich viele Dinge anders machen werde, als er es getan hat.

Das mag nun vielleicht sehr spirituell und esoterisch klingen, ist aber handfeste Realität.

Man weiß zum Beispiel in der Psychologie, dass eine Frau, die als Kind in einer Familie aufgewachsen ist, in der der Vater die Mutter geschlagen hat, sich später häufig einen Partner sucht, der sie ebenfalls schlägt.

Das ist total paradox, weil man denkt, gerade so jemand muss es doch eigentlich besser wissen. Wie kann das sein?

Der Grund dafür liegt in unserem Kopf. Unser Kopf will zwei Dinge: Sicherheit und Kontrolle. Jetzt ist dieses Kind in einer Situation, in der Vater die Mutter schlägt. Sicherheit und Kontrolle sind völlig aus den Fugen geraten, denn die beiden Menschen, die dem Kind Sicherheit geben sollten, geben ihm keine. Sie verprügeln sich stattdessen gegenseitig. Das Kind hat keine Kontrolle über diese Situation, es muss die Situation aber irgendwie überleben. Es muss also eine Lösung her.

Und die Lösung findet der Kopf. Der Kopf löst das Ganze auf eine brutale Art und Weise, indem er dem Kind zu verstehen gibt: Ja, die Welt ist so. Die Welt gehört wohl so.

Das nächste Mal, wenn der Vater die Mutter schlägt, läuft im Kopf dieses Kindes ein Prozess ab, und zwar der gleiche, der auch bei einem Erfolgserlebnis abläuft. Und der macht, ohne dass das Mädchen es merkt, dass dieses Programm in seinem Kopf so stark wird, dass es als junge Frau später in der Disco unter den tausend Jungs den einen findet, der das mit ihr machen wird.

Der junge Mann hat das Gegenprogramm bzw. Gegenproblem.

Lange Zeit ist man davon ausgegangen, dass Alkoholismus in den Genen sitzt, weil so viele Kinder von Alkoholikern später ebenfalls zur Flasche greifen. Heute weiß man, dass Alkohol zwar mit den Genen in Zusammenhang steht, dennoch werden Menschen nicht als Alkoholiker geboren. Alkoholismus wird auch nachgeahmt. Es ist das gleiche Spiel wie mit dem Mädchen.

Dieses Spiel finden Sie auch, wenn Sie heute einen Zehn-jährigen in der vierten Klasse fragen: *„Na, mein Kleiner, was möchtest du denn später mal werden, wenn du groß bist?"* Der schaut Sie möglicherweise bierernst an und antwortet: *„Ich werde später arbeitslos, das ist cool."* Wenn wir beson-ders unter einer Situation leiden, ahmen wir sie nach.

Nun muss das aber nicht zwangsläufig so kommen. Es kann sein, dass Menschen in der genau gleichen Situation aufwachsen, und bei einem entsteht das Programm und der andere löst es auf andere Weise. Es könnte zum Beispiel sein, dass zwei Mädchen in einer Familie aufwachsen, in der der Vater die Mutter schlägt, und bei dem einen entwickelt sich das oben beschriebene Programm, bei dem anderen aber nicht. Es könnte auch sein, dass das andere Mädchen sich später als Frau entscheidet, lieber alleinerziehend durchs Leben zu gehen, obwohl sie keinen bewussten Grund dafür nennen kann.

Die schönste „Mutti-Vation"

Vor einigen Jahren kam eine alleinerziehende Mutter in mein Seminar und hatte ihre fünfjährige Tochter dabei. Sie hatte keine Kinderbetreuung organisieren können und sich entschlossen, ihre Tochter einfach mitzubringen. Selbstbe-wusst kam die Kleine auf mich zu und sagte: *„Ich heiße So-phie. Ich bin schon fünf Jahre alt. Darf ich mitmachen?"* Und ich antwortete: *„Klar."*

Die Kleine setzte sich erwartungsvoll in die erste Reihe, strahlte mich an und sagte dann weiter: *„Du, wenn Du später Fragen stellst, dann frag ruhig meine Mutti. Die weiß nämlich alles."*

So ist das doch, oder?! Kinder glauben, wir wüssten alles. Für Kinder sind Mutter und Vater kleine Halbgötter. Da kann ruhig die ganze Welt sagen, es sei anders. Wenn meine Mutter sagt, so ist das, dann ist das so.

Meiner Meinung nach ist das die schönste Motivation (ich nenne es *„Mutti-Vation"*), die beste Version von uns selbst zu werden. Zu wissen, wir werden nachgeahmt, und zwar egal, ob wir unsere guten oder unsere schlechten Seiten zeigen.

Wenn wir Hilflosigkeit vorleben, dann wird das nachgeahmt. Wenn wir aber Mut, Eigenverantwortung und bestimmte Werte vorleben und nicht nur darüber reden, dann wird auch das nachgeahmt. Das machen Kinder automatisch. Darüber denken sie gar nicht nach.

Das heißt, Sie brauchen sich weniger Sorgen um Ihre Kinder zu machen, wenn Sie das erwünschte Verhalten vorleben. Ihre täglichen Predigten können Sie sich dann sparen.

Nenn mich beim Namen und ich verliere all meine Macht

Es gibt ein deutsches Märchen, das perfekt zusammenfasst, was ich Ihnen gerade eben erklärt habe.

In diesem Märchen geht es darum, dass eine junge Frau in ganz jungen Jahren ein riesiges Problem bekommt. Sie bekommt dieses Problem, weil ihr Vater ein großer Aufschneider ist. Er erzählt Dinge, die einfach nicht stimmen, und die erzählt er vor seinen Freunden, in der Kneipe, und einmal riskiert er sogar eine dicke Lippe vor dem König. Er behauptet, seine Tochter habe eine ganz besondere Gabe und könne Stroh zu Gold spinnen. Das kann sie aber nicht, denn keiner kann das, auch sie nicht.

Der König will daraufhin das Mädchen sehen und er will, dass es zu ihm ins Schloss gebracht wird. Jetzt kann der Vater ja nicht mehr zurückrudern und willigt ein. Die Knechte des Königs bringen das Mädchen ins Schloss, sperren es in einen riesigen Raum voll mit Stroh und befehlen ihm, Stroh zu Gold zu spinnen. Nun sitzt es da, das arme Kind, denn das kann es nicht. Keiner kann das, auch das Mädchen nicht. Jetzt hat es ein riesiges Problem.

Nun passiert aber Folgendes: Die Tür geht auf, und ein kleines Männchen kommt herein, das sagt: *„Ich mache das gerne für dich, aber ich mache es nicht umsonst. Du musst mir etwas dafür geben."* Das Mädchen erwidert: *„Ja, kein Problem"*, und gibt ihm zuerst seinen Ring und später auch noch seine Kette. Und das Männchen spinnt und spinnt und löst so das Problem. Doch irgendwann hat das Mädchen nichts mehr, was es ihm geben kann, es ist aber noch ein Haufen Stroh übrig, das gesponnen werden muss. Das Mädchen sagt: *„Jetzt habe ich nichts mehr, was ich dir geben kann"*, und das Männchen meint: *„Kein Problem, du musst mir nicht sofort etwas geben, aber später. Später gibst du mir das Liebste, was du hast."* Das Mädchen willigt ein, und das Männchen spinnt für es weiter.

Ist dem Mädchen das *„später"* in dem Moment etwa egal? Natürlich. Später ist ihm in diesem Moment völlig wurscht. Es sagt: *„Ja, ja, ja. Später, später, später."* Das

Männchen löst das Problem für das Mädchen, und ein Programm entsteht. Übrigens ein Programm, das das Mädchen sehr erfolgreich macht. Es heiratet nämlich den König und wird sehr mächtig. Es läuft soweit alles gut.

Die Jahre gehen ins Land. Das Mädchen, das inzwischen eine junge Frau und Königin ist, hat das Ganze längst vergessen und bekommt ihr erstes Kind. Es ist das Liebste, was sie hat. Und automatisch geht die Türe auf, das Programm kommt herein, und es sagt: *„Jetzt. Jetzt, gib es mir. Jetzt.“* Und sie antwortet: *„Ah, wie kann das jetzt passieren? Oh Gott, schon wieder ein blöder Chef. Ich bin schon wieder gescheitert. Bin schon wieder an den falschen Partner geraten. Ich habe mich schon wieder ausnutzen lassen. Ich war schon wieder betrunken. Oh Gott, wie konnte das jetzt bloß wieder passieren? Habe ich gar keine Chance?“* Das Programm erwidert: *„Doch, eine Chance gebe ich dir. Wenn du mich erkennst, wenn du mir meinen Namen sagst, verliere ich all meine Macht.“*

Diese Programme sind unsere Rumpelstilzchen, die wir in unserem Kopf mit uns herumtragen. Und die manipulieren uns so lange perfekt, **BIS WIR ES MERKEN!**

Wie schwer es aber ist, sie zu erkennen, zeigt das Märchen, das ja noch weitergeht. Die Königin sendet daraufhin Boten aus, um den Namen zu erfahren, und sie glaubt auch zweimal, dass sie ihn erkannt hat. Sie ist sich sogar sicher: Das erste Mal kommt das kleine Männchen, und sie sagt:

„Ich glaube, du heißt Kasper." Es erwidert: *„Hahaha, so heiße ich nicht!"* Und dabei war sie sich doch sicher. Wie oft passiert es uns, dass wir meinen, jetzt zu wissen, wie der Hase läuft, und wir halten uns für so reflektiert. Doch es war das völlig Verkehrte, und wieder trifft uns das alte Programm voll vor den Kopf, obwohl wir doch dachten, wir hätten es erkannt und stillgelegt.

Bitte bedenken Sie: Erst ein Bote, der über die weitesten Berge geht und dann im tiefsten Wald durch Zufall das kleine Männchen entdeckt, das um ein Feuer herumspringt und seinen Namen verrät, findet die Lösung heraus. Es ist so verdammt schwer, diesen Programmen, diesen Rumpelstilzchen auf die Schliche zu kommen, die uns vorgaukeln, die Welt gehöre so, wie wir sie uns immer schaffen.

Das mit der Erkenntnis ist also gar nicht so einfach.

PHASE II

PLANEN

M ein Cousin ist ein begeisterter Segler. Er hat mich schon manchmal eingeladen und auch auf Segeltouren mitgenommen. Das Spannende beim Segeln ist, dass es mehrere Möglichkeiten gibt.

Nehmen wir eine Europakarte. Wenn Sie segeln gehen, gibt es verschiedene Alternativen. Wenn Ihr Boot in Kiel liegt, fahren Sie in Kiel los, Sie fahren raus auf die Ostsee, wohin der Wind Sie trägt, und abends steuern Sie zurück in den Hafen. Ein Segler wird Ihnen erklären, dass das geht, sofern Wind da ist. Beim Segeln ist es nicht so relevant, von wo der Wind kommt, denn Sie können auch gegen den Wind segeln, man nennt das kreuzen. Wenn Sie vernünftig kreuzen können, gibt es nur einen kleinen Winkel, in den man nicht reinsegeln kann, aber ansonsten können Sie auch gegen den Wind segeln. Das geht.

Die zweite Möglichkeit ist, Sie setzen sich ein Ziel. Sie wollen zum Beispiel von Kiel nach Barcelona segeln. Das geht auch.

Sie überlegen sich eine Route, fahren um das

Skagerrak herum, durch Gibraltar hindurch und kommen irgendwann in Barcelona an. Auch das geht. Das geht nicht an einem Tag, aber es geht.

Es gibt noch eine dritte Möglichkeit. Sie setzen sich ein Ziel und möchten von Kiel nach Barcelona segeln. Sie setzen sich in das Boot und fahren, wohin der Wind Sie trägt, und hoffen, dass Sie in Barcelona ankommen. Was ist denn das für eine dumme Sache? Das geht natürlich nicht.

Das Spannende an dieser Sache ist, so blöd es auch erscheinen mag, ganz viele Menschen leben ihr Leben so. Sie leben ihr Leben so, dass sie sich ein Ziel setzen und dann nichts dafür tun, um dieses Ziel zu erreichen, und sich am Ende wundern, dass sie es nicht erreicht haben.

Ich hatte einmal einen Teamleiter in meinem Seminar sitzen, der bei einer Übung, als es um die eigenen Werte ging, plötzlich Tränen in den Augen hatte und dann aber anfing zu lachen. Ich fragte ihn, was denn los sei, und er antwortete: *„Ich hatte gerade eine Erkenntnis. Ich habe als obersten und wichtigsten Wert GESUNDHEIT aufgeschrieben. Und wissen Sie was: Ich rauche und mache keinen Sport. Bis eben war ich davon überzeugt, Gesundheit sei mein höchster Wert. Doch ich habe gerade eben gemerkt: Ich tue überhaupt nichts dafür, um gesund zu bleiben."*

Dieser Mann ist jemand, der sich Barcelona zum Ziel gesetzt hat, aber nichts dafür tut, um dort anzukommen, und sich am Ende wundert, dass er Barcelona nicht zu Gesicht bekommen hat.

Ihre Ziele bestimmen Ihr Leben und auch Ihren Erfolg. Achten Sie drauf, dass Sie das tun, was Sie auch wirklich wollen. Wenn Sie nach Barcelona wollen, macht es überhaupt keinen Sinn, dass Sie von Kiel Richtung Danzig segeln. Das ist nämlich die falsche Richtung. Und hier oben geht es aus der Ostsee auch gar nicht wieder heraus.

Was erwarten Sie von Ihrem Leben? Wo befinden Sie sich jetzt gerade?

In den vorigen Kapiteln ging es darum, welche Programme Sie haben. Jetzt ist die Frage, in welche Richtung Sie gerne gehen möchten und was genau Sie dafür tun müssen. Wie aber findet man so etwas heraus?

Ihr Leben: Wovon werden Sie erzählen?

Als ich das erste Mal ein Seminar zum Thema *„Motivation und Zielfindung"* entwickelt habe, wurde mein Opa gerade achtzig. Wir alle kamen zu seinem Geburtstag, seine Kinder, seine Enkelkinder, und er erzählte aus seinem Leben. Dabei sagte er immer wieder: *„Hätte ich mal das gemacht, und hätte ich mal jenes gemacht …"* Das ist aber ganz schöner Mist. Denn *„hätte"* gibt es im Leben nicht. Entweder Sie tun etwas, oder Sie vergessen es, aber es gibt kein *„hätte"*. Wir haben meinem Opa gegenüber einen großen Vorteil: Höchst- 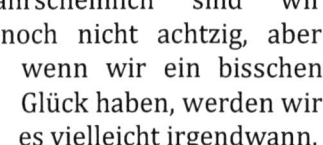 wahrscheinlich sind wir noch nicht achtzig, aber wenn wir ein bisschen Glück haben, werden wir es vielleicht irgendwann.

Und wir haben noch einen großen Vorteil: Wir haben unseren Kopf. Unser Kopf ist so stark, wir können zurückgehen in die Vergangenheit. Wir können innere Schranken entdecken, die wir verändern können, und wir können auch vorausgehen. So eine Zeitreise möchte ich jetzt gerne mit Ihnen, lieber Leser, machen.

Gehen Sie jetzt auf eine Zeitreise: Stellen Sie sich vor, morgen ist Ihr achtzigster Geburtstag. Morgen ist es so weit, und Sie werden achtzig. Wovon werden Sie dann erzählen? Was möchten Sie noch machen? Was wird in Ihrem Leben noch passieren? Was werden Sie vielleicht noch von der Welt gesehen haben? Was werden Sie sich für Träume erfüllt haben? Für wen werden Sie einen Unterschied gemacht haben? Was werden Sie in Ihrem Leben gemacht haben, wenn Sie achtzig sind?

Wenn Sie diese Zeitreise antreten, dann tun Sie mir einen Gefallen und überlegen Sie nicht, ob das, was Sie gerade denken, für irgendeinen anderen realistisch klingt. Was in Ihnen steckt, wissen nur Sie allein.

Als Beispiel möchte ich von mir erzählen. Ich habe meine Karriere mit vielen verschiedenen Dingen begonnen und unter anderem eine Banklehre absolviert, die mir zwar keinen Spaß gemacht hat, die ich aber abgeschlossen habe. Danach bin ich für ein Jahr als Au Pair in die USA gegangen. Au Pair bedeutet, dass man auf Kinder aufpasst und mit der Familie lebt, das heißt, ich war ein Jahr lang Hausfrau und Mutter. Als dann klar war, dass ich nach Kalifornien komme, habe ich allen Leuten erzählt: *„Mensch, ich arbeite in Kalifornien und kann nebenbei Schauspiel studieren. Bevor mein Jahr vorbei ist und ich zurückmuss, werde ich in einem Hollywoodfilm mitspielen."*

Die Leute in Deutschland haben alle gelacht und gedacht: *„Ach, so ein naiver Idiot."* Die Amerikaner haben ein bisschen anders reagiert und gesagt: *„Wow, good for you."* Das bedeutet aber das Gleiche und ist nur ein wenig freundlicher ausgedrückt. Für mich aber war klar, das würde klappen, auch wenn ich keine Ahnung hatte, wie. Ich habe dann alles Mögliche gemacht, was nötig war. Erst habe ich Bühnenunterricht genommen, dann habe ich vor der Kamera gestanden, und schließlich habe ich Fotos gemacht und sie eingeschickt. Und ungefähr drei Monate, bevor mein Jahr vorbei war, riefen die Studios an und meinten: *„Wir drehen einen Film mit Robin Williams, er heißt ‚Hinter dem Horizont'. Hätten Sie Lust, nächste Woche Montag darin mitzuspielen?"* Ich antwortete: *„Ja, klar habe ich Lust."* Ich bin dann an das Set gefahren und habe Robin Williams kennengelernt. Es war sein Geburtstag an dem Tag, und seine Frau und seine Kinder kamen auch an das Set. Sie haben Kuchen mitgebracht, und wir haben uns wirklich nett unterhalten – und ich habe etwas an diesem Tag gelernt:

Ich habe gelernt, was eigentlich alles möglich ist, von dem die ganze Welt um dich herum geglaubt hat, es sei unmöglich.

Wie viele Äpfel stecken in einem Kern?

Wenn ich jetzt einen Apfel aufschneiden würde, könnte jeder von uns die Kerne im Kerngehäuse dieses Apfels zählen. Das ist überhaupt keine Kunst. Aber niemand von uns weiß, wie viele Äpfel in einem Kern stecken.

Was in Ihnen steckt, das wissen nur Sie alleine. Und es hängt von Ihren Zielen ab, denn die bestimmen Ihre Erfolge.

Die Zeit vergeht so schnell. Wissen Sie noch, wie sehr Sie sich gewünscht haben, volljährig zu sein? Endlich 18! Viele Leser werden wissen, wie schnell man dann plötzlich dreißig geworden ist. Wo bleiben die Jahre nur, und was mache ich aus ihnen?

Es macht Sinn, darüber nachzudenken, was bis achtzig werden soll. Wenn Sie selbst unter zwanzig sind, dürfen Sie diese Zahl ruhig verändern. Dann tragen Sie gerne dreißig ein, weil achtzig vielleicht zu weit weg erscheint.

Geben Sie sich für die folgenden Überlegungen mindestens zehn Minuten Zeit. Gehen Sie in sich und denken Sie nach.

Bis ich 80 bin, werde ich dies erreicht haben:

_____

_____

_____

_____

_____

_____

_____

_____

Klare Ziele

Sie haben im vorhergehenden Abschnitt für sich Ihre Ziele festgelegt. Jetzt ist die Frage: Wie gelangen Sie dahin? Das heißt, jetzt geht es ans Navigieren.

Wo möchten Sie in den nächsten fünf Jahren sein, wo in den nächsten drei? Womit fangen Sie im kommenden Jahr an? Womit fangen Sie im kommenden Monat an? Womit fangen Sie vielleicht schon heute an? Vielleicht beginnen Sie zum Beispiel damit, bewusster auf Ihre Gedanken zu achten.

Wenn Sie gleich loslegen, durch Ihr Leben zu navigieren und sich Zwischenziele zu setzen, dann tun Sie mir einen Gefallen. Die Leute sagen gerne: *„Setze dir deine Ziele bloß nicht zu groß, sonst erreichst du sie vielleicht nicht."* Ich sage genau das Gegenteil. Ich sage Ihnen: Setzen Sie sich Ihre Ziele bloß groß. Schlimmstenfalls erreichen Sie diese Ziele eben nicht.

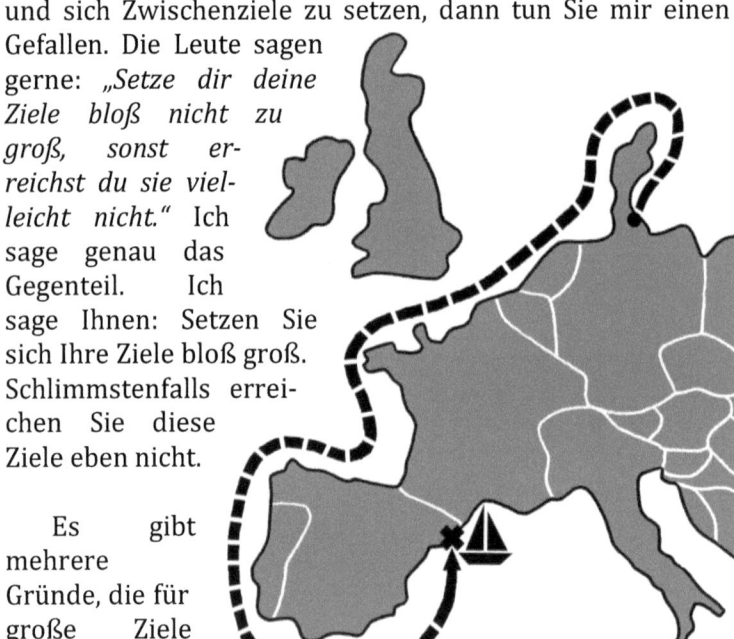

Es gibt mehrere Gründe, die für große Ziele sprechen.

GRUND 1: Große Ziele schaffen viel Adrenalin. Das ist etwas, was kleine Ziele nicht schaffen.

Ich spiele Tennis und habe durchaus schon gegen Leute Tennis gespielt, die besser waren als ich. Wie spiele ich dann? In der Regel spiele ich dann auch besser. Ich mag das Spiel zwar verlieren, aber ich laufe zu jedem Ball, ich versuche, bei jedem Ball richtig zu stehen, und spiele besser, als ich sonst spielen würde. Wenn ich gegen jemanden spiele, der besser ist als ich, ist mein Adrenalinpegel hoch und ich laufe zur Höchstform auf.

Ich habe auch schon gegen Leute gespielt, die schlechter waren als ich. Wie spiele ich dann? Ich passe mich viel zu schnell an das niedrigere Level an. Ich daddle herum, wodurch ich solche Spiele auch schon verloren habe. Es waren eigentlich unverlierbare Spiele, doch plötzlich war das Spiel aus, ich habe verloren und mich gefragt: Wie kann das sein? Es konnte sein, weil ich an dieses Adrenalin, das nur durch ein großes Ziel geschaffen wird, gar nicht herankam.

Die Gefahr, dass ich mir ein Ziel zu niedrig stecke, ist mindestens genauso groß wie die Gefahr, dass mein Ziel zu unrealistisch hoch gesteckt ist.

GRUND 2: Wir sehen nur das, was wir erwarten.

Das heißt, wenn Sie mit einer großen Möglichkeit rechnen und dann auch eine kommt, werden Sie sie vermutlich auch sehen. Wenn Sie gar nicht damit rechnen, kann es sein, dass Ihnen eine Möglichkeit direkt ins Gesicht schaut und Sie sie nicht erkennen.

Das hat auch damit zu tun, wie die Welt eigentlich für das kleine Mädchen gehört. Was bekommt sie vorgelebt? Wenn das Mädchen glaubt, dass nur kleine Dinge möglich sind, dann sieht sie auch nur kleine Möglichkeiten. Eine große Möglichkeit kommt für sie dann gar nicht in Frage, weil sie diese entweder gar nicht sieht oder, wenn sie eine sieht, diese sofort abtut und sich sagt: Das ist sowieso nichts für mich.

Entscheidend ist wirklich, dass Sie ein großes Ziel haben. Dann ist die Wahrscheinlichkeit hoch, dass Sie eine große Möglichkeit, wenn sie dann kommt, auch wahrnehmen.

Sie kennen sicher Beispiele wie das folgende: Man kauft sich einen blauen Käfer, weil man denkt, es gäbe überhaupt keine blauen Käfer. Hat man ihn dann gekauft, dann sieht man überall blaue Käfer, weil man plötzlich darauf achtet.

So ähnlich verhält es sich auch mit Möglichkeiten. Wenn Sie auf einmal Ihren Blick dafür öffnen, dann wundern Sie sich, woher diese ganzen Möglichkeiten plötzlich alle kommen. Vorher gab es die für Sie gar nicht, weil Sie sie einfach nicht sehen konnten, auch wenn es sie natürlich auch vorher schon gab.

Die erste Regel ist also: Große Ziele schaffen viel Adrenalin. Die zweite Regel lautet: Große Ziele schaffen Möglichkeiten. Je klarer Sie Ihr Ziel formulieren, desto klarer werden sich auch die Möglichkeiten manifestieren, weil Sie diese dann sehen.

Die dritte Regel ...

... möchte ich anhand eines Beispiels erklären. Ich hatte dieses *„Schule-ist-scheiße"*-Programm in mir. Ich hatte keine tolle Schulzeit, und für mich war klar, dass ich nie studieren würde, weil ich dachte, dass studieren wie Schule ist, und das wollte ich auf gar keinen Fall mehr. Ich habe dann diese innere Schranke überwunden, bin über meinen Schatten gesprungen, habe doch studiert und sogar ein Fach, für das ich noch eine zweite innere Schranke überwinden musste. Ich habe nämlich Internationale Betriebswirtschaft studiert, was für mich eigentlich in Richtung Bank ging. Ich hatte ja vorher diese Banklehre gemacht, die mir keinen Spaß gemacht hat, und stellte mir Internationale Betriebswirtschaft so ähnlich vor wie diese Banklehre. Aber ich wollte es trotzdem versuchen und habe dann gelernt, dass es gar nicht so ähnlich war.

Während des Studiums habe ich mein erstes Training entwickelt. Das Trainingskonzept entstand im Jahr 2000, und am 1. April 2000 gab ich mein erstes Training. Dabei kam mir der Gedanke: Mensch, jetzt musst du dir auch noch ein unmögliches Ziel setzen. Damals studierte ich an der Fachhochschule Furtwangen in Villingen-Schwenningen im Schwarzwald. Ich überlegte: Was soll mein großes Ziel sein? Und mein großes Ziel war: Ich möchte in fünf Jahren dieses Training in Harvard geben. Harvard war damals die beste Universität der Welt.

Wenn man an der Fachhochschule Furtwangen in Villingen-Schwenningen im Schwarzwald studiert, ist es relativ unwahrscheinlich, dass man fünf Jahre später in Harvard unterrichtet. Doch das war mir egal. Ich dachte mir nur: Was soll's?

Ich lud damals alle unsere Professoren ein, unter anderem auch unseren Studiengangsleiter, indem ich an seine Bürotür klopfte und sagte: *„Herr Professor, ich habe hier ein Motivationstraining entwickelt für Studenten. Am kommenden Samstag ist das erste Training. Hätten Sie Zeit und Lust, dabei zu sein?"* Er schaute mich an, schüttelte den Kopf und erwiderte: *„Es tut mir leid. Für so etwas hab ich wirklich keine Zeit."*

Wie ging es mir wohl, als ich sein Büro wieder verließ? Zu sagen, es ging mir schlecht, wäre noch geprahlt.

Was wäre vielleicht passiert, wenn ich kein langfristiges großes Ziel gehabt hätte? Ich hätte sicherlich aufgegeben. Ich hätte mich dann gefragt: Wenn es den schon nicht interessiert, wen denn dann? Doch stattdessen habe ich mich gefragt: Ist dieser Professor wichtig für mein Ziel, mein Seminar in Harvard zu geben? Nein, die kennen ihn dort gar nicht. Das heißt, er war zwar in dem Moment damals wichtig, für mein langfristiges Ziel war er aber völlig irrelevant.

Und so habe ich dann trotzdem weitergemacht. Und ich war erfolgreich, mal mehr und mal weniger.

Ich möchte auch noch anmerken, dass ich nicht nach fünf Jahren in Harvard war und dort unterrichtete.

Aber nach sieben!

Ein großes Ziel zu haben, hilft einem durch Situationen oder Phasen, in denen es mal nicht so gut läuft. Es gibt immer auch Schlachten, die man verliert, aber dadurch hat man noch nicht den Krieg verloren. Es ist wichtig, das als Fokus zu haben: **Was ist das große Ziel? Wo will ich hin?**

Was in einem steckt, das weiß nur jeder selbst. Was in Ihnen steckt, wissen nur Sie selbst. Es ist wichtig, sich Ziele zu setzen.

Jetzt bitte ich Sie, lieber Leser, sich wieder einen Augenblick Zeit zu nehmen und tatsächlich mal zu navigieren. Was wollen Sie in den nächsten fünf Jahren erreichen, was in den nächsten drei Jahren, und womit fangen Sie vielleicht heute schon an?

Diese Ziele müssen nicht alle aufeinander aufbauen. Wenn Sie zum Ziel haben, im nächsten Jahr Fallschirmspringen zu lernen, muss das mit Ihrem Achtzig-Jahre-Ziel gar nichts zu tun haben. Schreiben Sie es dennoch auf.

**Was möchten Sie in den
nächsten fünf Jahren erreichen?**

_____

_____

_____

_____

_____

_____

**Was möchten Sie in den
nächsten drei Jahren erreichen?**

_____

_____

_____

_____

_____

_____

Damit fangen Sie im kommenden Jahr an:

_____

_____

_____

_____

_____

_____

_____

Damit fangen Sie heute an:

_____

_____

_____

_____

_____

_____

_____

Es gibt Studien, die belegen, dass alleine dadurch, dass man seine Ziele aufschreibt, die Wahrscheinlichkeit, diese Ziele zu erreichen, um über dreißig Prozent steigt. Und dabei haben Sie noch keinen Handschlag dafür getan. Alles, was Sie gemacht haben, war, Ihre Ziele aufzuschreiben.

Warum ist das so? Ich weiß es nicht. Aber ich kann es Ihnen anhand eines Beispiels aus dem Leben erklären. Gehen Sie mal kurz in sich und überlegen Sie: Verwenden Sie eine Einkaufsliste, wenn Sie einkaufen gehen? Ich tue das bei größeren und wichtigen Einkäufen durchaus.

Warum? Wenn ich ohne Einkaufsliste einkaufen gehe, brauche ich die dreifache Zeit. Ich kaufe außerdem das Doppelte, und nachdem ich nach Hause gekommen bin, merke ich, dass ich sofort noch einmal losmuss, weil ich nämlich die Hälfte vergessen habe. Wenn ich aber mit Einkaufsliste einkaufen gehe, funktioniert es wesentlich besser und schneller. Ich kaufe das, was ich brauche - okay, vielleicht auch ein bisschen mehr, aber ich komme nach Hause und habe alles, was ich auch wirklich haben wollte.

Viele Menschen, unter anderem auch ich, verwenden To-do-Listen, wenn sie wirklich effektiv arbeiten wollen. Das heißt, ich nehme mir morgens fünf Minuten Zeit und schreibe so eine Liste. Warum? Ich kann alles abhaken, und ich bleibe dran. Es gibt so viele Dinge, die mich ablenken, aber ich weiß, die wichtigen Dinge, die stehen auf dieser Liste. Die werden auf jeden Fall gemacht. Und sollten sie nicht gemacht werden, dann werden sie am nächsten Tag morgens wieder oben auf die Liste geschrieben. So arbeite ich viel effektiver.

Für so banale Dinge wie eine Einkaufsliste nehmen wir uns meistens Zeit. Aber wenn es um unser Leben geht, wenn es um unsere Ziele geht, wenn es um das geht, was uns wirklich glücklich macht, dann nehmen wir uns meistens keine Zeit.

Nehmen Sie sich doch jetzt die Zeit und schreiben Sie eine Einkaufsliste für Ihr Leben. Was ist es denn, was Sie sehen wollen, was passieren soll? Schreiben Sie das alles einmal auf.

Und achten Sie darauf, dass sie so präzise wie nur möglich sind. Sie sollten Ihre Ziele auf keinen Fall schwammig formulieren, sondern so konkret wie möglich. Dann erstellen Sie einen Plan, der Sie Schritt für Schritt an Ihr Ziel führt.

Was ist Ihr konkreter Plan,
um Ihr Ziel zu erreichen?

Ihre Zwischenziele Schritt für Schritt:

1. _____

2. _____

3. _____

4. _____

5. _____

6. _____

7. _____

8. _____

9. _____

10. _____

Dieser Plan ist allerdings nicht in Stein gemeißelt. Sie können diesen Plan jederzeit wieder ändern.

Um noch einmal auf den Vergleich mit dem Segeln zurückzukommen: Wenn Sie zum Beispiel in Richtung Barcelona segeln und auf der Höhe von Amsterdam kommt ein Sturm auf. Natürlich wollen Sie dann nicht Ihr Boot riskieren und gehen lieber erst mal drei Tage in Amsterdam vor Anker. Nun verlieben Sie sich in die Stadt Amsterdam und stellen fest, dass Sie gar nicht mehr nach Barcelona wollen. Dann können Sie ihren ursprünglichen Plan jederzeit ändern.

Entscheidend ist, dass Sie zu jeder Zeit abgleichen können, ob Sie sich noch auf Ihrem Weg befinden. Auf diese Weise beugen Sie auch einem Burn-out vor. Erinnern Sie sich noch an die bereits zitierte Aussage der Burn-out-Therapeutin:

„Die meisten Leute brennen aus, weil sie gar nicht mehr wissen, wo sie hinwollen. Weil sie nur noch beschäftigt, beschäftigt, beschäftigt sind und sich damit völlig aufreiben."?

Wenn Sie aber abgleichen können. Wenn Sie sich sagen können, dass Sie auf Ihrem Weg sind und dies Ihr Kurs ist, dann können Sie durchaus auch mal den Kurs kurzfristig ändern. Sie wissen dann dennoch, dass Sie sich auf Ihrem Weg befinden und es der richtige Weg für Sie ist. Sie verlieren sich nicht in Ihrer Routine, sondern steuern trotz der täglichen Beschäftigung auf Ihre Ziele zu.

Und denken Sie daran, dass langfristige Ziele zu haben nicht bedeutet, dass Sie nicht jeden Tag genießen können. Sie können selbstverständlich Barcelona zum Ziel haben und auf dem Weg dorthin täglich die Sonne an Deck genießen. Es ist sogar entscheidend, jeden Streckenabschnitt als Erfolg zu feiern und jedem Hafen auf dem Weg seinen Wert zu geben.

KAPITEL 4

VOM
MÜSSEN
ZUM
WOLLEN

Bevor Sie dieses Kapitel lesen, bitte ich Sie, sich kurz Zeit zu nehmen und die Dinge aufzuschreiben, die Sie täglich erledigen müssen. Das können ganz kleine Dinge sein, wie: Ich muss abwaschen, zum Sport gehen, arbeiten gehen, zum Zahnarzt etc. ...

Was müssen Sie täglich tun?

_____

_____

_____

_____

_____

_____

Sobald ich eine bestimmte Sichtweise von der Welt habe und glaube, die Welt habe so zu sein, kann das zu einer inneren Schranke werden.

Ich bin 2009 durch Indien gereist und habe dort Seminare an verschiedenen Universitäten und in verschiedenen Firmen gegeben. Wenn man sieht, wie man in Indien Elefanten anbindet, ist das ganz erstaunlich. Sie sind einfach nur am Fuß mit einem Seil angebunden, und der Elefant könnte jederzeit das Seil zerreißen, um wegzulaufen.

Das tut er aber nicht, denn wenn die Elefanten jung und klein sind, nimmt man dicke Ketten, und dann reißen sie daran. Sie versuchen immer wieder, sich von diesen loszureißen, was aber nicht gelingt, und irgendwann hören sie damit auf, es zu versuchen.

In dem Moment, in dem sie aufhören, an den Ketten zu reißen, reicht schon ein ganz leichter Widerstand und sie laufen nicht mehr weg. Wir Menschen werden selten von solchen Ketten festgehalten, zumindest nicht im physischen Sinne, aber dafür im übertragenen Sinne: Wir legen uns geistige Ketten an.

Wir bauen uns unser eigenes Gefängnis und glauben dann, die Welt gehöre so. Wir treffen auf Vorgesetzte, wir treffen auf Lehrer, wir treffen auf Eltern, wir treffen auf Mitschüler, wir treffen auf alle möglichen Leute, die uns helfen, unseren inneren Glaskäfig zusammenzusetzen. Dann sagen wir: Die Welt ist eben so. Doch es ist gar nicht die Welt, die so ist, es ist nur unsere eigene Welt, die so ist. Die Welt an sich mit all ihren Möglichkeiten ist eventuell ganz anders. Doch sobald Sie glauben, dass die Welt auf eine bestimmte Art und Weise ist, wird Ihre Welt so, wie Sie es glauben. Und die Möglichkeiten, die Ihnen diese Welt bietet, reduzieren sich auf das, was Sie für möglich halten.

Worte die krank machen

Ich möchte das Thema *„Innere Schranken"* gerne an einem Beispiel erläutern. Dr. Jens Fleischhut, Hirnforscher an der Freien Universität Berlin, hat fünf Jahre lang die Wirkung der sieben Modalverben untersucht. Dabei hat er herausgefunden, dass drei von ihnen, wenn man sie langfristig verwendet, krank machen, und vier von ihnen, wenn man sie langfristig verwendet, erfolgreich machen. Ich fand das ungemein spannend.

Welche Verben sind überhaupt Modalverben? Es gibt sieben Modalverben, und zwar: *„müssen", „sollen", „dürfen", „können", „mögen", „möchten"* und *„wollen"*.

Welche drei davon machen krank? Die ersten drei: *„müssen", „sollen"* und *„dürfen"*, und zwar genau in dieser Reihenfolge.

Am allerstärksten ist *„müssen"*, am zweitstärksten *„sollen"*, und an dritter Stelle folgt *„dürfen"*. Diese drei Modalverben stellen den stärksten Druck von außen dar. *„Du musst das tun, weil ich das sage."* Du MUSST das tun. Bei *„Du sollst das tun"* ist der Druck nicht mehr ganz so stark. Und bei *„Du darfst das tun"*, gebe immer noch ich die Erlaubnis, das ist relativ neutral.

Bei den Modalverben *„können", „mögen", „möchten"* und *„wollen"* ist es anders. *„Ich kann das tun." „Ich mag das tun." „Ich möchte das tun."* Am allerstärksten hier ist *„Ich will das tun."* Ich mache das, weil ich das tun WILL.

Nachdem ich diese Information in einem Seminar von Dr. Fleischhut gehört hatte, habe ich mich überprüft und mich gefragt: Wie oft belüge ich mich eigentlich selbst? Wie oft sage ich mir, dass ich etwas tun muss, und meine eigentlich damit, dass ich es tun will? Ich muss heute noch einkaufen, ich muss heute noch zum Sport, und ich muss mich heute noch mit Freunden treffen. Nichts davon stimmt. Die Wahrheit ist: Ich will heute noch zum Sport, ich will heute noch einkaufen, und ich will mich heute noch mit Freunden treffen. Wenn ich aber die ganze Zeit über sage, dass ich das alles muss, dann habe ich erst mal der ganzen Welt gegenüber eine großartige Ausrede.

Langfristig macht mich das allerdings krank, weil ich mich ständig unter Druck setze. Wenn ich zum Beispiel Lisa frage: „Lisa, wollen wir uns heute Abend noch treffen?" Und Lisa antwortet mir: „Mensch, Thorge, weißt du was? Ich muss noch einkaufen, ich muss noch zum Sport, und ich muss mich noch mit Freunden treffen." Dann sage ich: „Meine Güte, was du alles musst." Wenn sie aber zu mir sagt: „Thorge, ich will noch zum Sport, ich will noch einkaufen, und ich will mich noch mit Freunden treffen", dann sage ich: „Mit mir willst du dich nicht treffen?" Wir reden uns ein, was wir alles müssen, obwohl wir die meisten Dinge, wenn wir ehrlich wären, nicht müssen, sondern wollen.

Anderen gegenüber mag das als Ausrede erst mal funktionieren. Uns selbst macht es aber langfristig krank.

Man sollte die Manager therapieren

Ich sehe relativ selten fern, weil ich gar keine Zeit dafür habe. Super Ausrede, oder? Ich habe keine Zeit. Die Wahrheit ist aber: Wir haben alle die gleiche Menge an Zeit.

Ihr Tag hat 24 Stunden, der von Frau Merkel auch, der Ihres Nachbarn auch, und meiner hat ebenfalls 24 Stunden. Wenn ich sage: *„Ich habe keine Zeit"*, dann heißt das übersetzt im Grunde: *„Ich habe keine Zeit FÜR DICH. Du bist mir gerade nicht wichtig genug."* Ja, das klingt vielleicht sehr bitter, aber so ist es. *„Ich habe keine Zeit, zum Sport zu gehen"*, bedeutet in Wahrheit vielleicht, dass ich keine Zeit für meine Gesundheit habe, weil mir etwas anderes gerade wichtiger ist, und deshalb habe ich keine Zeit.

Ich nehme mir relativ selten Zeit zum Fernsehen, aber manchmal stelle ich den Fernseher an. In einer Sendung über Burn-out, die ich vor einiger Zeit gesehen habe, erklärte der Burn-out-Therapeut etwas ganz Spannendes. Man ist lange Zeit davon ausgegangen, dass die Leute ausbrennen, die quantitativ zu viel arbeiten. Heute weiß man aber, dass das nicht stimmt. Das würde nämlich bedeuten, dass Leute, die selbstständig sind, die regelmäßig sechzig, siebzig Stunden in der Woche arbeiten, ständig ausbrennen müssten. Das ist aber nicht der Fall. Es lässt sich sogar beobachten, dass diese Leute viel mehr Power besitzen, weil sie ihre Arbeit mögen und sich tagtäglich immer wieder bewusst dafür entscheiden. Mit anderen Worten: weil sie arbeiten wollen.

Während jemand, der sich ständig unter Druck gesetzt fühlt, der unfreiwillig zur Arbeit geht oder die Arbeit als notwendiges Übel sieht, um Geld zu verdienen, viel eher ausbrennt. Und das selbst, wenn derjenige *„nur"* halbtags arbeitet, weil er die ganze Zeit über das Gefühl hat: *„Ich muss, ich muss, ich muss.“*

Sehr interessant war, was dieser Burn-out-Therapeut forderte. Er meinte, man solle nicht nur die Burn-out-Opfer therapieren, sondern auch deren Manager. Diese sollten sich einmal fragen: Wie rede ich eigentlich mit meinen Leuten?

Nun, eine kurze Anmerkung an Sie, lieber Leser: Eventuell haben Sie gerade genickt und sich gesagt: Ja, man sollte meinen Chef therapieren, meinen Lehrer, meine Kollegen ... an wen auch immer Sie gerade gedacht haben mögen. Aber bitte bedenken Sie: Sie sind auch Manager. Eventuell sind Sie Manager der Kindererziehung zu Hause, oder Sie sind Manager, weil Sie im Berufsleben ein Team führen. Doch selbst wenn das alles nicht zutreffen sollte, sind Sie Manager über Ihr eigenes Leben.

Wie reden Sie eigentlich mit sich selbst? Was erzählen Sie sich denn die ganze Zeit? Müssen Sie die ganze Zeit? Oder wollen Sie auch? Und wenn Sie irgendetwas nicht mehr wollen, was machen Sie denn dann?

Sie müssen nicht!

Ich behaupte jetzt einmal etwas ziemlich Ketzerisches, und vielleicht mag mich danach niemand mehr, der dieses Buch liest.

Sollten Sie gerade in einem Unternehmen arbeiten, in dem es Ihnen gar nicht gefällt, und Sie quälen sich vielleicht jeden Tag zur Arbeit. Ihnen fallen zahlreiche Dinge auf, die nicht gut sind, und Sie ärgern sich, dass diese einfach nicht geändert werden. Dann verrate ich Ihnen jetzt etwas Spektakuläres:

Sie müssen dort nicht arbeiten!

Niemand zwingt Sie, dort zu arbeiten, wo Sie gerade arbeiten. Oder wurde Ihre Hand von jemandem geführt, als Sie Ihren Arbeitsvertrag unterschrieben haben? Vermutlich nicht.

ICH MUSS   ICH WILL

Wenn Sie sich aber klar machen, dass Sie freiwillig zur Arbeit gehen, dann brauchen Sie auch nicht mit einem *„Ich muss-Gesicht"* zur Arbeit gehen, sondern können Ihr *„Ich will-Gesicht"* aufsetzen.

Sie fühlen sich damit im Handumdrehen besser. Übrigens können Sie von jetzt ab Ihren Kollegen ansehen, mit welchem der beiden Gesichter jeder einzelne zur Arbeit kommt.

Der Punkt ist, dass Sie sich einfach einmal selbst überprüfen sollten. Fragen Sie sich: Muss ich das wirklich? So oft belügen wir uns in dieser Hinsicht und setzen uns selbst chronisch unter Druck, indem wir sagen: *„Ich muss das, ich muss jenes, und das muss ich auch."* Herrlich, wenn alleinerziehende Mütter in einem meiner Kurse sitzen und sagen: *„Ich muss los. Ich muss mein Kind von der Krippe abholen."* Aber das stimmt nicht, das müssen Sie nicht. Sie *„müssen"* es nicht. Lassen Sie es doch einfach dort. Überlegen Sie mal bitte weiter: Was signalisieren Sie denn Ihrem Kind, wenn sie ihm ständig sagen: *„Ich muss dich dann später abholen."* Das kommt mit Sicherheit nicht besonders liebevoll rüber, deshalb sagen Sie doch besser: *„Ich will dich abholen, weil du mir wichtig bist."*

Ich kann mir sehr gut vorstellen, dass die innere Stimme bei vielen Menschen nun Amok läuft und ihnen sagt: So ein Blödsinn, was der da erzählt. So ein Blödsinn, was der da schreibt. Ich muss ganz vieles. Aber ich bitte Sie. Das Schwerste an diesem Buch ist, das Gewohnte in Frage zu stellen. Es stimmt einfach nicht, dass Sie ganz vieles müssen. Sie müssen tatsächlich ganz wenig.

Der freie Wille ist mit das Stärkste, was wir haben. Er ist oft so stark, dass wir ihn unseren Kindern sogar verbieten. Unsere Kinder haben in unseren Augen nichts zu „wollen". Ich „möchte" geht gerade noch. Dass wir aber im Leben ganz viel „müssen", das lernen unsere Kinder schon sehr früh.

Ich verrate Ihnen etwas: Wenn Sie im Supermarkt in der Schlange vor der Kasse stehen und warten, dann „möchte" Ihr Kind kein Eis, sondern es „will" eins, und das macht es oftmals auch laut- stark deutlich.

AUS DER PRAXIS

Jemand sagte einmal zu mir: „Was Sie da erzählen, stimmt nur für Singles." *Ich fragte ihn daraufhin:* „Warum?" *Er erwiderte:* „Ich habe ein Haus, ich habe zwei Kinder, ich muss hier arbeiten." *Darauf fragte ich ihn:* „Wollen Sie denn ein Haus haben?" *Er sagte:* „Klar. Was ist das für eine blöde Frage?" *Ich fragte:* „Wollen Sie auch zwei Kinder haben?" *Er antwortete:* „Ja, natürlich." *Dann sagte ich:* „Stimmt, dann müssen Sie auch arbeiten, um Ihren Lebensstandard halten zu können. Sie müssen arbeiten, aber Sie müssen nicht hier arbeiten. Das müssen Sie nicht."

Ganz viele Dinge, die Sie müssen, müssen Sie, weil Sie eigentlich andere Dinge wollen. Wenn ich mir aber immer erzähle, dass ich muss, fühle ich mich fremdbestimmt und in der Regel wie ein Opfer. Das kostet enorm viel Kraft und ist so unnötig, denn für gewöhnlich steht hinter jedem *„Ich muss"* ein *„Ich will"*.

Warum will ich das? Das ist die entscheidende Frage. Ich muss das nicht tun, aber ich will das tun. Ich will das tun und muss es dann vielleicht auch aus bestimmten Gründen, aber das Wollen steht dahinter. Und wenn ich mir dieses Wollen bewusst mache, dann geht es mir damit gut.

Entscheidend ist, dass man etwas merkt und es sich dann eingesteht und es schließlich verändert. Wenn jeder, der dieses Buch liest, einmal die nächste Woche täglich darauf achtet, wie oft er sagt: *„Ich muss"*, und das ersetzt durch: *„Ich will"*, dann ändert sich schon etwas. Das kostet Sie nur etwas mehr Achtsamkeit. Und natürlich bedeutet es wieder automatische Programme anzuhalten, zu hinterfragen und zu verändern.

Es geht darum: Wie gehe ich mit mir um? Wie rede ich eigentlich mit mir? Was mache ich mit mir, was macht *„Ich muss"* mit mir, und was macht *„Ich will"* mit mir? Warum ändere ich nichts, obwohl ich es doch besser weiß? Wenn ich immer automatisch reagiere, bin ich immer Opfer, und ich sage eventuell auch weiterhin: *„Ich muss."* Wenn ich dagegen bewusst reagiere, wenn ich achtsam reagiere, dann geht es mir eventuell damit besser.

Aus der Praxis

In einem Kurs mit Langzeitarbeitslosen gab es eine Dame, die hatte am dritten Tag so einen „Hals" auf mich und sagte: „Ich habe am ersten Tag hier gesessen und gedacht, ich höre Ihnen mal zu. Man kann ja nicht dümmer werden. Das möchte ich gerne zurücknehmen. Seitdem ich Ihnen zuhöre, habe ich das Gefühl, ich werde hier stündlich dümmer." *Sie sehen, da wird schon scharf geschossen, wenn man an die Programme von Leuten rangeht.* „Sie haben zwar gestern gesagt, ich muss hier heute nicht herkommen. Ich sage Ihnen eins, ich musste heute herkommen. Wenn ich heute nicht gekommen wäre, wäre ich um 30% sanktioniert worden. Ich bin heute hier, weil ich hier sein muss."

Darauf erwiderte ich: „Stimmt, wenn Sie heute nicht gekommen wären, wären Sie um 30% sanktioniert worden. Geht mir übrigens ähnlich. Wenn ich heute nicht gekommen wäre, hätte man mich 100% sanktioniert, mich hätte man gar nicht bezahlt. Aber Sie kommen heute nicht und kriegen 30% weniger und das ist eine Sauerei. Können Sie mir das jetzt mal erklären?" *Sie meinte nachdenklich:* „Hm, so habe ich das noch nicht gesehen."

Als der Kurs zu Ende war, stand sie auf und sagte vor der Gruppe: „Ich möchte mich hier mal bedanken. Ich habe hier so viel für mich mitgenommen." *Und das ist das Entscheidende.*

In diesem Buch geht es darum, dass es den Menschen, die es lesen, gut geht. Dass Sie Techniken für sich herausfinden, wie Sie es erreichen, dass es Ihnen gut geht. Wenn Sie sich bewusst machen, warum Sie etwas wollen, dann geht es Ihnen damit gut. Dann haben Sie im Übrigen auch viel mehr Power.

Nun bitte ich Sie, Ihre Liste vom Anfang dieses Kapitels zu nehmen und sie noch einmal zu schreiben, aber dieses Mal dabei ganz konsequent *„Ich muss"* durch *„Ich will"* zu ersetzen.

Was müssen Sie?
Müssen Sie das wirklich? Was wollen Sie?

_____

_____

_____

_____

_____

_____

_____

Wenn es Ihnen nicht gelungen ist, *„muss"* zu ersetzen, fragen Sie sich bitte, warum das in dieser Situation der Fall ist und ob Sie die Situation wirklich so mögen und akzeptieren wollen. Oder was gibt es vielleicht für Alternativen für Sie? Was können Sie ändern, damit Sie die Situation wieder so wollen und sie gut für Sie ist?

_____

_____

_____

_____

_____

KAPITEL 5

ZU TODE GELANG-WEILT

Es gibt zwei Programme, die jeder Mensch hat, und zwar kulturübergreifend. Der deutsche Hirnforscher Gerald Hüther sagte in einem seiner Vorträge, dass jeder Mensch diese Programme hat und dass sie unser Verhalten enorm stark beeinflussen. Diese Programme sind deshalb so stark, weil sie schon im Mutterleib geschrieben wurden.

Was erlebt ein Baby im Mutterleib jeden Tag und speichert es als positives Erlebnis ab? Einmal hört es den Herzschlag der Mutter, erlebt die Gefühle der Mutter, hört die Geräusche der Mutter. Das heißt, es lernt, dass da noch jemand ist und es nicht alleine ist.

Daraus entsteht das erste der beiden Programme: Wir wollen dazugehören. Wenn wir nicht dazugehören, wenn wir ganz alleine sind, dann geht es uns schlecht. Wir können es nicht lange aushalten, wenn wir ganz isoliert sind, ganz alleine.

Das zweite Programm, das ein Baby im Mutterleib vom ersten Tag seines Seins an erlebt und als positives Erlebnis abspeichert, ist, dass es wächst. Wir wollen wachsen, wir wollen lernen. Unser Gehirn fühlt sich gut, wenn wir es lernen lassen.

Interessanterweise gehen so viele Schüler ungern zur Schule. Das ist kein Widerspruch zu der Tatsache, dass wir eigentlich lernen wollen, sondern unterstreicht, dass viele der Lehrmethoden, die immer noch in Schulen verwendet werden, längst nicht mehr zeitgemäß und angebracht sind.

Im Grunde will nämlich jedes Kind und auch jeder Erwachsene lernen und wachsen.

Die beiden Programme, die jeder Mensch hat, sind also:
1. *Dazugehören* und
2. *Wachsen*

Man ist mittlerweile in der Hirnforschung so weit, dass man in unsere Köpfe hineinschauen und sichtbar machen kann, welche Zentren im Gehirn in welchen Fällen angesprochen werden:

Wenn Sie nicht mehr wachsen oder nicht mehr dazugehören oder sogar beides, wird in Ihrem Kopf das Zentrum für körperlichen Schmerz angesprochen. Es fühlt sich dann für Ihren Kopf an, als würden Sie körperliche Schmerzen empfinden, so der Hirnforscher Gerald Hüther. Das können wir nicht lange aushalten.

Das ist der Moment, in dem wir zu Ersatzbefriedigungen greifen. Das bedeutet, das ist der Moment, in dem wir plötzlich ganz dringend Schokolade haben müssen. Das ist der Moment, in dem wir auf jeden Fall sofort eine Zigarette brauchen. Das ist der Moment, in dem wir ganz dringend etwas ganz Bestimmtes müssen, wie zum Beispiel Schuhe kaufen oder was auch immer.

Was ist eigentlich das Schlechte an einer Ersatzbefriedigung? Das Wort sagt es schon: Es ist nur ein Ersatz. Das heißt, das Problem wird dadurch nicht wirklich gelöst, und wir brauchen immer mehr davon. Wir werden süchtig nach dieser Ersatzbefriedigung.

Es muss aber eine Lösung her, eine langfristige, und diese Lösung findet unser Kopf. Er löst das Problem auf eine brutale Art und Weise, indem er sagt: *„Die Welt gehört so. Ja, die Welt ist eben so."* Und jetzt erzählen wir uns plötzlich selbst, dass wir eine Flasche sind. Und plötzlich ist es aushaltbar.

Aus der Praxis

In einem Hotel, in dem ich Seminare gegeben habe, ging ich mal in die Sauna. Ein junger Mann Ende zwanzig kam in die Sauna und saß noch nicht richtig auf seinem Handtuch. Da kam die Dame, die den Aufguss machte, rein, wies ihn zurecht und war nicht sehr nett zu ihm. Der flippte total aus. Er war wenig höflich. Ich kann meinen Mund nicht halten in solchen Fällen. Als die Dame wieder draußen war, sagte ich ihm: „Das war unmöglich, wie Sie sich eben verhalten haben." *Er antwortete:* „Nein. Als ich ein kleines Kind war, hat man mir immer wieder gesagt, ich wäre doof. Du bist doof, du bist doof."

Jemand, dem man immer wieder sagt, er wäre doof, hat in der Regel nicht das Gefühl, dass er sein volles Potenzial entfalten kann, und der hat auch nicht das Gefühl, dass er dazugehört. Ich weiß nicht, zu welchen Ersatzbefriedigungen er gegriffen hat, aber er sagte zu mir: „Irgendwann habe ich das selber geglaubt, habe mir selber gesagt, ich wäre doof." *Plötzlich war es aushaltbar. Er gehört nämlich dazu. Er ist der Doofe. Und er hat Potenzial. Er kann noch doofer werden. Er fuhr fort:* „Und irgendwann habe ich es gemerkt. Dann habe ich gemerkt, dass ich zwar anders als die anderen bin, aber garantiert nicht doof. Da habe ich es geändert. Seitdem reagiere ich allergisch darauf, wenn mich irgendjemand behandelt ‚als sei ich doof."*

Es gibt einen Fachbegriff dafür, wenn man nicht mehr wachsen kann. Ich habe in diesem Buch schon häufiger den Begriff „Burn-out" verwendet. Es gibt aber auch ein sogenanntes „Bore-out", das bedeutet: zu Tode gelangweilt.

Wenn Sie sich nicht mehr weiterentwickeln, wenn Sie nicht mehr wachsen, sondern ständig auf der Stelle treten, dann befinden Sie sich im „Bore-out."

Mobbing: Körperverletzung für unser Gehirn

Es gibt einen Fachbegriff in der Wirtschaft, wenn man nicht mehr dazugehört, wenn man strategisch ausgegrenzt ist. Dieser Fachbegriff heißt „Mobbing".

Das Wort „Mobbing" ist genauso wie „Handy" eigentlich ein deutsches Wort. Im Englischen sagt man nicht „Mobbing", sondern „to bully somebody".

Wenn Sie jemanden mobben, das heißt ihn die ganze Zeit strategisch ausgrenzen, ist das im Grunde Körperverletzung. Es ist deshalb Körperverletzung, weil es sich für denjenigen anfühlt, als würden Sie ihm täglich körperliche Schmerzen zufügen, da unser Gehirn das gar nicht unterscheiden kann.

Sie müssen nicht unbedingt arbeitslos sein, um plötzlich nicht mehr dazuzugehören und nicht mehr weiterzuwachsen.

Auf Schüler, die nicht sofort eine Ausbildung bekommen, trifft das zum Beispiel ebenfalls zu. Diejenigen, die es gewohnt waren, immer Neues zu lernen und immer zu einer bestimmten Gruppe dazuzugehören, gehören plötzlich nicht mehr dazu. Und plötzlich ist auch dieses Fordern weg.

Auch bei Langzeitarbeitslosen beobachtet man, dass sie plötzlich nicht mehr zu der Gruppe dazugehören, zu der sie es gerne würden, und dass sie eventuell auch aufgehört haben, sich weiterzuentwickeln, weil es nämlich erstmal bequem ist, das nicht zu tun.

Wenn ich erst in Rente bin, dann...

Und es gibt noch eine weitere große Gruppe, bei der das der Fall ist: die Gruppe der Rentner. Wenn Sie erst einmal in Rente sind, was dann? Was ist, wenn plötzlich der Wecker nicht mehr klingelt? Was ist, wenn plötzlich sieben Tage in der Woche Wochenende ist? Sie mochten zwar nicht alle ehemaligen Kollegen. Aber irgendwie haben sie Ihnen doch eine soziale Sicherheit gegeben, ein soziales Netzwerk. Und diese ständigen Veränderungen, diese ganzen Gesetzesänderungen oder was auch immer ... ja, was hat Sie das genervt, aber irgendwie hat es Sie auch gefordert.

Viele Menschen, die in Rente gehen, die sonst niemals krank waren, werden plötzlich krank, sitzen plötzlich nur noch beim Arzt. Ich habe kürzlich mit dem Vorstandsvorsitzenden einer großen Krankenkasse gesprochen, der mir erzählte, dass es Studien von verschiedenen Krankenkassen gibt, die belegen, dass die Kosten der Krankenkassen für Personen im Alter zwischen 65 und 70 exponentiell ansteigen. Viele Leute sitzen nur noch beim Arzt, wenn sie gar nicht mehr wissen, wofür sie eigentlich morgens aufstehen.

Wenn Sie in Rente gehen, sehen Sie Ihren Partner oder Ihre Partnerin plötzlich 24 Stunden am Tag, Sie erleben aber viel weniger, weshalb Sie gar nicht mehr wissen, worüber Sie reden können. Und das Geld ist auch weniger. Das heißt, man kann auch nicht ständig in Urlaub fahren.

All das sind Dinge, auf die man sich vorbereiten sollte. Es ist wichtig, sich darauf vorzubereiten, aber das ist wieder ein anderes Thema.

In dieser Situation ist es von Bedeutung, ein Ziel zu haben, eines, durch das Sie auch wachsen und dazugehören können. Deshalb sollten Sie sich trauen, sich so ein Ziel zu setzen.

Haben Sie ein Ziel, durch das Sie wachsen und dazugehören können?

Welche Möglichkeiten, zu wachsen und dazuzugehören, sehen Sie?

_____

_____

_____

_____

_____

_____

Wie erkennen Sie, wenn Sie zu wenig wachsen können?

Sehen Sie Tendenzen zum Bore-out?

_____

_____

_____

_____

_____

_____

_____

Wie erkennen Sie, wenn Sie Schwierigkeiten haben dazuzugehören?

Sehen Sie Tendenzen zum Mobbing?

_____

_____

_____

_____

_____

KAPITEL 6

ERFOLGE SCHAFFEN NEUE ERFOLGE

Wir sind so gestrickt, dass wir unsere Erfolge oft gar nicht sehen. Napoleon Hill hat für Andrew Carnegie gearbeitet, einen großen Unternehmer, der vor gut 150 Jahren geboren wurde und in der Zeit von Rockefeller lebte. Andrew Carnegie hatte damals die Idee, dass es so etwas wie Erfolgsprogramme geben muss, irgendetwas, was erfolgreiche Leute machen und was nicht so erfolgreiche Leute nicht machen. Er engagierte Napoleon Hill, der das Leben erfolgreicher Menschen der damaligen Zeit analysierte und nach Erfolgsprogrammen forschte. Dies tat er zwanzig Jahre lang, und er fand tatsächlich solche Erfolgsprogramme.

Eines davon lautet: *„Nichts ist so erfolgreich wie der Erfolg".* Das bedeutet, Erfolge schaffen neue Erfolge.

Das Problem dabei ist, dass wir unsere Erfolge meistens gar nicht sehen. An Misserfolge erinnern wir uns ein Leben lang, aber Erfolge haben wir sofort wieder vergessen. Gerade in Deutschland leben wir in einer Kultur, in der wir uns relativ selten selbst auf die Schulter klopfen und uns sagen: Das hast du aber gut gemacht. Im Gegenteil, wir leben in einer *„Nicht geschimpft ist schon genug gelobt"*-Kultur. Wir wachsen mit Glaubenssätzen auf wie: *„Eigenlob stinkt."* Wenn aber Erfolge neue Erfolge schaffen, ist das vielleicht kontraproduktiv.

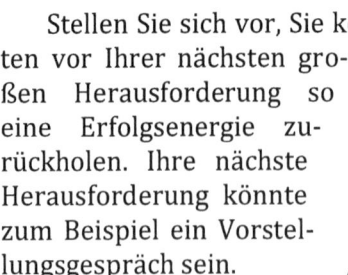

Stellen Sie sich vor, Sie könnten vor Ihrer nächsten großen Herausforderung so eine Erfolgsenergie zurückholen. Ihre nächste Herausforderung könnte zum Beispiel ein Vorstellungsgespräch sein.

Stellen Sie Ihre Uhr auf zwei Minuten ein und schreiben Sie einmal ganz kurz zwanzig Erfolge auf. Zwanzig Erfolge, die Sie in den letzten Jahren irgendwann gehabt haben. Nur zwanzig.

Nehmen Sie sich 2 Minuten Zeit und schreiben Sie 20 Erfolge auf

1. _____

2. _____

3. _____

4. _____

5. _____

6. _____

7. _____

8. _____

9. _____

10. _____

11. _____

12. _____

13. _____

14. _____

15. _____

16. _____

17. _____

18. _____

19. _____

20. _____

Wie war das für Sie? Ist es Ihnen leichtgefallen, zwanzig Erfolge aufzuschreiben?

Einige von Ihnen werden gemerkt haben, wie schwer Ihnen das gefallen ist. Vielleicht sind Sie gar nicht auf zwanzig gekommen.

Diese Aufgabe fällt sehr vielen Menschen schwer, und zwar egal, wie erfolgreich Sie sind.

Wenn Sie nicht auf zwanzig Erfolge gekommen sind, heißt das nicht, dass Sie keine zwanzig Erfolge in Ihrem Leben hatten. Natürlich hatten Sie, wenn Sie objektiv zurückschauen, schon viele Hunderte, vermutlich sogar viele Tausende Erfolge in Ihrem Leben.

Das Problem ist eher: Mit jedem Ihrer Erfolge hat sich Ihre Messlatte weiter nach oben verschoben: Wenn Sie nicht auf zwanzig Erfolge gekommen sind, fragen Sie sich doch bitte mal, wie hoch Sie gerade Ihre eigene Messlatte setzen.

Erfolgsantenne ausrichten

Es ist sicher gut, die Messlatte für Ihre Ziele hoch zu setzen, um große Ziele zu erreichen, denn dadurch bekommen Sie mehr Inspiration, Adrenalin etc. Sie sollten sich auf keinen Fall auf Ihren Lorbeeren ausruhen, aber gleichzeitig sollten Sie Ihre Lorbeeren auch schätzen, und die erreichten Erfolge der Vergangenheit sollten ihren Wert behalten.

Die einzige Person, die einem Erfolg einen Wert geben kann, sind Sie selbst. Wenn Sie das aber nicht mehr tun, dann haben Sie keine Erfolge mehr. Sie haben Ihre Erfolge damit selbst entwertet.

Wenn Sie aber Ihre Vergangenheit entwerten, entziehen Sie Ihrer Zukunft den Boden.

Hunde riechen Angst - Menschen auch!

Was machen Sie nun mit dieser Liste von zwanzig Erfolgen? Stecken Sie sie in Ihre Brieftasche oder speichern Sie sie in Ihr Handy oder legen Sie sie einfach in Ihre Tasche. Kein anderer braucht davon zu wissen. Diese Liste wird zu Ihrer Geheimwaffe.

Bevor Sie in das nächste Gespräch gehen, bevor Sie sich der nächsten Herausforderung, dem nächsten Projekt stellen, nehmen Sie sich diese Liste vor und lesen Sie sie durch.

Sie bringen damit in Ihr Bewusstsein zurück, was Sie bereits erreicht haben. Dadurch schaffen Sie eine Art Glücksgefühl, und dieses Gefühl strahlen Sie dann auch aus. Diese Ausstrahlung merkt Ihr Gegenüber, wenn auch nicht unbedingt bewusst, aber definitiv unbewusst. Und die Chancen stehen gut, dass Sie hierdurch anders behandelt werden. Das heißt nicht, dass Sie sich auf ein Gespräch nicht mehr vorbereiten sollen, es heißt auch nicht, dass Sie dafür weniger Arbeitsaufwand aufbringen müssen. Der Arbeitsaufwand ist noch genau der gleiche, aber Ihre Ausgangssituation ist eine komplett andere. Sie starten viel weiter oben und sind dem Ziel schon wesentlich näher, bevor das Gespräch überhaupt angefangen hat.

Wenn Sie einen Hund haben, dann wissen Sie bestimmt, dass es heißt, dass Hunde Angst riechen könnten.

Ob das wahr ist, weiß ich nicht, aber jeder Mensch, der vor Hunden Angst hat, kann mit Sicherheit bestätigen, dass das Tier diese Angst sehr wohl spüren kann und vielleicht sogar aggressiv reagiert.

Sie kennen dieses Prinzip auch, wenn Sie in der Schule jemals einen Lehrer hatten, der sich vor der Klasse gefürchtet hat.

Was passiert mit einem solchen Lehrer? Die Schüler merken, dass er Angst hat, und machen ihn fertig, und zwar ab der ersten Stunde.

Menschen riechen Angst, und Menschen haben auch eine Nase für Erfolg. Und eine Erfolgsausstrahlung schaffen Sie, indem Sie sich bewusst auf Ihre Erfolge konzentrieren.

PHASE III

UMSETZEN

KAPITEL 7

BEQUEM-LICHKEIT SIEGT?

*B*equemlichkeit beginnt als Sklave und wird zum Meister.

Dieses Zitat von Khalil Gibran ist eines meiner Lieblingszitate. Wir alle mögen es gerne, wenn es richtig schön bequem ist.

Handys zum Beispiel sind total bequem. Ich habe ein Handy beziehungsweise ein Smartphone. Sie vermutlich auch, oder? Ich kann Ihnen versichern, dass ich früher alle meine Telefonnummern im Kopf hatte. Heute weiß ich nicht mal mehr die Telefonnummern einiger meiner besten Freunde, denn sie sind ja in meinem Smartphone gespeichert. Einer meiner besten Freunde hat seit acht Jahren seine Telefonnummer nicht geändert. Trotzdem weiß ich seine Telefonnummer nicht auswendig. Das wäre mir früher nie passiert. Smartphones sind klasse, aber wenn sie uns dazu einladen, dümmer zu werden, besteht die Gefahr, dass sie irgendwann smarter sind als wir. Wie dumm und abhängig wir uns fühlen, merken wir erst, wenn das Handy einmal zwei Tage kaputt ist.

Navis sind ebenfalls total bequem. Wenn ich aber plötzlich keine Karte mehr lesen kann, mir keine Wegstrecke mehr merken kann und im eigenen Auto zum „*Beifahrer*" werde, obwohl ich selbst steuere, ist das Navi plötzlich zum Meister geworden.

Egal, wie unser Ziel aussieht, egal, welchen Traum wir verfolgen, es wird auch immer mal Situationen geben, in denen es schwierig wird, in denen man etwas riskieren und Nerven zeigen muss. Das ist ganz normal, das gehört dazu.

Nicht immer bekommen die klügsten Leute die besten Jobs

Ganz häufig wird Mut reicher belohnt als IQ. Es sind nicht immer die klügsten Leute, die zum Beispiel die besten Jobs bekommen. Es sind die Leute, die aus ihrer Komfortzone heraustreten, die sich etwas zutrauen, die etwas anders machen. Mut bedeutet nicht unbedingt, dass man keine Angst hat. Mutige Leute haben auch Angst, aber sie handeln, obwohl sie Angst haben. Das ist der große Unterschied.

Der einfachste Weg ist der, dass wir uns mit Menschen umgeben, die so sind wie wir. Vor Fremdem haben wir erst einmal eher Angst und lehnen es ab. „*Was der Bauer nicht kennt, das isst er nicht.*" So ähnlich lautet ein norddeutsches Sprichwort. Oder ein anderes: „*Man steigt immer dort über den Zaun, wo er am niedrigsten ist.*" Dabei wird unsere Welt so viel bunter, wenn wir neue Dinge probieren und versuchen, andere Sichtweisen zu verstehen.

Umgeben Sie sich ruhig auch mal mit Leuten, die anders sind als Sie. Es ist so viel bequemer, sich mit Leuten zu umgeben, die so ähnlich ticken wie man selbst. Die haben nämlich ähnliche Programme wie wir selbst, und das heißt, sie sehen die Welt so wie wir, haben die gleichen inneren Schranken wie wir und beweisen uns permanent, dass unsere eingefahrenen Überzeugungen richtig sind. Aber diese Menschen helfen uns überhaupt nicht, zu erkennen, wie vielfältig die Welt noch sein kann.

Trauen Sie sich ruhig mal, Menschen in Ihr Umfeld zu lassen, die ganz anders ticken als Sie. Das bereichert Ihre Welt ungemein.

Die Welt größer und bunter machen

Wir alle haben unsere eigene Komfortzone, in der wir leben und uns wohlfühlen.

Wie fühlen Sie sich innerhalb Ihrer Komfortzone? Nennen wir sie mal ein bisschen provokanter: Bequemlichkeitszone? In Ihrer Bequemlichkeitszone fühlen Sie sich wohl, Sie fühlen sich sicher, hier kennen Sie sich aus.

Wie fühlen Sie sich, wenn Sie Ihre Bequemlichkeitszone verlassen? Wenn Sie nur einen Tick heraustreten, fühlen Sie sich vielleicht ein bisschen unsicher. Wenn Sie sehr weit aus Ihrer Komfortzone heraustreten, haben Sie vermutlich richtig große Angst.

Was passiert mit Ihrer Komfortzone, wenn Sie aus ihr heraustreten und es schaffen, Ihre Angst zu überwinden? Richtig: Ihre Komfortzone erweitert sich. Sie wird größer. Aber das ist nur die halbe Wahrheit.

Was passiert mit Ihrer Komfortzone, wenn Sie immer in ihr bleiben, wenn Sie es immer vermeiden, sie zu verlassen? Dann schrumpft sie. Sie wird immer kleiner, und irgendwann ist sie so klein, dass Sie sich nicht mal mehr zutrauen zu träumen. Sie trauen sich nicht mal mehr zu, sich in Ihrem Kopf überhaupt noch Ziele zu setzen, Wünsche zu formulieren oder sich Gedanken zu machen, was Sie zum Beispiel mit Ihrem Leben Großartiges anstellen könnten.

Wenn wir uns die Komfortzone wie einen Kreis vorstellen, der um uns herum unseren Handlungsspielraum, unsere Möglichkeiten, unsere Welt bestimmt, dann kann dieser Kreis sowohl wachsen als auch schrumpfen. Entscheidend dabei ist, dass die Komfortzone möglichst nicht punktuell wächst, sondern sich der gesamte Kreis erweitert. Mit anderen Worten: Unsere Welt wird bunter und größer, wenn wir ihr mutiger entgegentreten.

Um das erklären zu können, werde ich jetzt ein bisschen ausholen und auch einen Tick persönlicher werden. Ich bin, wie man auf Norddeutsch sagt, so eine richtige Bangbüx. Vielleicht kennt nicht jeder das Wort „Bangbüx". Es kommt aus dem Plattdeutschen, wobei „Büx" Hose und „Bang" eng oder ängstlich heißt. Man kann sich vielleicht vorstellen, warum die Hose eng ist, wenn man Angst hat. Weil man eventuell die Hosen voll hat. „Hosenscheißer" oder „Angsthase" sind treffliche Übersetzungen. Ich habe zum Beispiel Höhenangst. Höhe ist gar nicht so meins, und Geschwindigkeit mag ich übrigens auch nicht so gerne. Wenn es zu schnell wird, zum Beispiel auf dem Fahrrad oder im Auto, bekomme ich große Angst. Wenn also beim nächsten Mal jemand vor Ihnen langsam Auto fährt, dann bin das wahrscheinlich ich.

Jake up your life!

2008 hatte ich das große Glück, dass sich die Firma, für die ich damals gearbeitet habe, entschieden hat, mich ein halbes Jahr nach Costa Rica zu schicken, um dort ein Projekt zu übernehmen. Costa Rica ist ein großartiges Land. Wer noch nie dort war, sollte auf jeden Fall einmal hinfahren. Es ist wunderbar, relativ klein, hat viel Regenwald und liegt zum Teil in der Karibik und zum Teil an der Pazifikküste. Ich hatte in Costa Rica einen Mitbewohner, der Amerikaner war und Jake hieß. Er war ein sehr sympathischer und auch ein bisschen verrückter Kerl.

Jake machte immer die coolsten Sachen, wie zum Beispiel Canopying. Lassen Sie mich Canopying kurz erklären.

Im Regenwald sind sehr hohe Bäume, und von einem Baum zum nächsten wird ein Seil gespannt. Man hängt sich da so rein, ein bisschen wie auf einem Abenteuerspielplatz. An der hinteren Hand hat man einen Handschuh und bremst, und dann geht es von einer Plattform zur nächsten. Jake hat das gemacht. Ich habe es nicht gemacht. Es war mir viel zu hoch, und wie Sie sich vorstellen können, auch viel zu schnell. Dann hat Jake ab und zu Rafting gemacht. Beim Rafting sitzt man in einem Schlauchboot und paddelt Stromschnellen hinunter. Das habe ich ebenfalls nicht gemacht. Auch das war mir viel zu schnell.

Als ich im Oktober 2008 nach Berlin zurückgereist bin, war ich ein bisschen traurig. Ich hatte das Gefühl, zwar viel von Costa Rica gesehen, aber trotzdem etwas verpasst zu haben. Ich war sogar fast ein bisschen neidisch auf meinen Freund Jake. Denn er hatte all diese tollen Dinge gemacht. Und ich hatte mich ständig von meinen Ängsten blockieren lassen.

Ängste sind ein bisschen wie Brandungswellen. Wer schon mal am Strand war, an der Nordsee zum Beispiel, und in der Brandung gebadet hat, der weiß, welche Wucht Wellen entwickeln können. Wenn so eine Welle kommt, so ein richtiger Brecher, kann man nicht davor weglaufen. Die Welle entwickelt eine enorme

Wucht, sie holt einen ein, reißt einen mit und wirbelt einen dann völlig durcheinander. Anstatt vor der Welle wegzulaufen, hat man die Möglichkeit, der Welle entgegenzugehen. Wenn man in die Welle reingeht und eintaucht, dann macht es „blubb". Mehr nicht. Das war es dann schon, denn Wellen haben an der Oberfläche gewaltig viel Kraft, doch sobald man unter die Welle geht, ist alle Kraft dahin. Denken Sie an den Tsunami in Thailand im Jahr 2005. Den Tauchern, die sich unter Wasser auf hoher See befanden, ist nichts passiert, außer dass viele berichteten, ihr Höhenmesser hätte verrückt gespielt.

So ähnlich wie mit der Wucht von Wellen ist es auch mit der Angst. Vor der Angst wegzulaufen, mag zwar kurzfristig sinnvoll erscheinen, ist aber langfristig keine Lösung. Wenn ich vor meinen Ängsten davonlaufe, werden sie immer mächtiger und größer, holen mich ein und wirbeln mein Leben völlig durcheinander. Wenn ich mich aber meinen Ängsten stelle, dann kann ich sie überwinden und sie verlieren ihre lähmende Macht über mein Leben. In diesem Fall ist die Theorie tatsächlich wesentlich leichter als die Praxis.

2009 hat mich meine Firma noch einmal für drei Monate nach Costa Rica geschickt. Ich habe das als echte Chance gesehen und mir gesagt, dass ich mich dieses Mal nicht von meinen Ängsten behindern lassen würde. Dieses Mal würde ich mich meinen Ängsten stellen und sie überwinden.

Zuerst habe ich Canopying gemacht und bin von Plattform zu Plattform an Seilen durch den Regenwald „geflogen". Die erste Plattform, auf der es anfing, war sieben Meter hoch. Das erste Seil von einem Baum zum nächsten war ca. zwanzig Meter lang. Sieben Meter sind verdammt hoch, wenn man Höhenangst hat und oben steht. Zwanzig Meter bis zur nächsten Plattform waren weit, aber aushaltbar. Ich hatte mich allerdings nicht richtig erkundigt. Es gab zehn Plattformen in diesem Parcours, die alle nacheinander zu bestreiten waren, und sobald man angefangen hatte, gab es kein Zurück mehr. Von einer Plattform zur nächsten wurde das Seil immer länger. Das letzte Seil war anderthalb Kilometer lang. Die Plattformen wurden übrigens auch immer höher, dann am Ende ging es über eine Schlucht und sogar durch eine tiefer hängende Wolke hindurch ... Ich habe, zugegeben, geschrien wie am Spieß, aber es war der Wahnsinn und hat riesigen Spaß gemacht.

Als ich das gemeistert hatte, habe ich gedacht: Mensch, jetzt könnte ich auch mal Rafting ausprobieren. An einem Wochenende am Strand dachte ich, ich könnte mich mal wieder aus meiner Komfortzone trauen und es mit Rafting versuchen. Dieses Mal wollte ich aber ganz klein anfangen und buchte Level drei bis vier. Ich dachte, dass die Skala der Schwierigkeitsgrade bis Level zehn geht. Auf dem Weg zum Fluss habe ich dann erfahren, dass sie nur bis Level fünf reicht. Level fünf wird kommerziell kaum genutzt, weil es doch recht gefährlich ist. Und Level vier ist beim Rafting eine echte Herausforderung. Ich dachte tatsächlich, dass man zumindest bequem in diesem Paddelboot drinsitzt. Tut man aber nicht. Man sitzt auf der Außenkante, weil man sonst gar nicht paddeln kann. Es war herrlich. Ich habe zwar tierisch geschrien, aber es hat so viel Spaß gemacht. Ich kann nur allen Leuten empfehlen, einmal Rafting zu machen. Es ist ein tolles Erlebnis.

Als ich das alles gemacht hatte, sagte Jake zu mir: *„Dude"* - die Amerikaner sagen ja immer *„Dude"* -, *„wenn du das alles gemacht hast, dann kannst du jetzt auch Canyoning machen."* Ich fragte: *„Was ist denn Canyoning?"* Er antwortete: *„Canyoning ist eine Wanderung durch eine Schlucht, durch einen Canyon."* Daraufhin meinte ich: *„Ach ja, wandern gehe ich ja gerne."* Und er: *„Ja, aber irgendwie musst du ja auch runterkommen in diese Schlucht. Du kommst in die Schlucht, indem du dich an einem Wasserfall runterseilst."* Ich hab mich also an einem 75 Meter hohen Wasserfall runtergeseilt. 75 Meter sind verdammt hoch und noch wesentlich höher als 20 Meter, wenn man Höhenangst hat und oben steht. Ich musste auf eine durchsichtige Plattform, auf der ich angeseilt wurde, und der Typ, der mich anseilen sollte, sagte sofort: *„Nicht runterschauen."* Was war das Erste, was ich gemacht habe? Natürlich runtergeschaut!!! Ich bin dann auch dreimal von dieser Plattform zurückgetreten und habe gesagt: *„Das mache ich im Leben nicht!"*

Und dann machte es plötzlich klick und ich habe gedacht: Thorge, du bist so bescheuert. Du hast das hier selbst gebucht. Du hast dafür auch noch viel Geld bezahlt. Du musst das gar nicht machen. Da geht der Weg zurück. Du kannst jetzt zurückgehen und kannst dich an den Ausgang stellen. Niemand wird wissen, dass du es nicht gemacht hast. Aber das stimmte nicht ganz. Immerhin war ich selbst Zeuge dieser Situation. Ich war dabei. Ich hätte am nächsten Tag wieder in den Spiegel schauen und mir sagen müssen: Du bist der, der den Wasserfall nicht runtergeklettert ist. Du  bist der, der gekniffen hat, der feige war ... mal wieder. Das wollte ich nicht, und deshalb habe ich es gemacht. Ich bin da runtergeklettert. Man muss sich von dieser Plattform rückwärts über den Abgrund runterlassen. Es war eine Riesen-Herausforderung, und ich habe Blut und Wasser geschwitzt, als ich mich an dieser Felswand runtergeseilt habe. Doch wie fühlte ich mich, als ich unten ankam?

Supergeil! Das Wort „gut" trifft es tatsächlich nicht. Ich fühlte mich supergeil. Und meine Komfortzone ist in diesem Moment gewaltig gewachsen.

Immer die große Tüte

Der Grund, warum ich das so ausführlich erzähle, ist, um zu veranschaulichen, dass die Komfortzone wächst, und zwar wie eingangs bereits erwähnt, nicht punktuell, sondern als Kreis. Plötzlich konnte ich bei meinem Chef im Büro Dinge direkt ansprechen, was ich mich zuvor nie getraut hatte. Plötzlich hatte ich den Mut dazu.

Auf einmal konnte ich auch eine Stunde im Fitnessstudio auf dem Stepper durchhalten. Vorher hatte ich immer nach spätestens 40 Minuten abgebrochen, doch plötzlich ging es ... Ich stand auf diesem Stepper und dachte: Wenigstens muss ich keinen Wasserfall runterklettern. Dagegen war eine Stunde steppen ein Kinderspiel.

Die Komfortzone wächst, und sie wächst als Kreis, aber das ist nur die halbe Wahrheit. Denn die Komfortzone schrumpft auch als Kreis.

Wenn ich in Berlin arbeite, gehe ich relativ regelmäßig zum Sport. Dann gehe ich auf das Laufband, laufe ungefähr eine Stunde, schaffe ca. zehn Kilometer und fühle mich danach jedes Mal gut. Ich bin zwar zugegeben k. o., nachdem ich zehn Kilometer gelaufen bin, aber ich fühle mich jedes Mal gut. Es gab noch nie die Situation, dass ich dachte: Das mache ich nie wieder.

Wenn ich in der Nähe meiner Eltern arbeite, wohne ich meistens bei ihnen zu Hause. Anstatt abends zum Sport zu gehen, bleibe ich dann bei meiner Mutter auf der Couch sitzen und schaue mit ihr Fernsehen. Aber ich schaue nicht nur Fernsehen, denn meine Mutter kauft immer Schokobons, die ich sehr gerne esse. Esse ich dann nur einen Schokobon? Nein. Ich esse tatsächlich die ganze Tüte. Wenn ich Glück habe, hat meine Mutter nur die 125-Gramm-Tüte gekauft, meistens meint sie es aber besonders gut und kauft die 200-Gramm-Tüte.

Wie fühle ich mich mit 200 Gramm Schokobons im Bauch? Im ersten Moment glücklich, deshalb esse ich sie ja alle. Aber danach ist mir schlecht. Ich bin ein sehr erprobter Schokoladenesser, doch nach 200 Gramm Schokolade ist tatsächlich auch mir schlecht. Mir ist in diesem Moment klar, dass ich das nie im Leben wieder mache, und dann sage ich zu meiner Mutter: *„Was kaufst du die Scheiß-Dinger auch?"* Jetzt gebe ich auch noch ihr die Schuld - so viel zum Thema *„Erlernte Hilflosigkeit".* Ich weiß jedenfalls ganz sicher, dass ich morgen zum Sport gehen werde. Am nächsten Morgen wache ich dann auf, und mir ist von dem ganzen Kram, den ich abends gegessen habe, noch immer schlecht.

Für mich steht fest, dass ich heute Abend auf jeden Fall zum Sport gehen werde.

Doch der Abend kommt, und mit ihm kommen die Ausreden. Wenn ich zum Sport gehe, ist meine Mutter bestimmt traurig, wenn ich nicht da bin, um mit ihr fernzusehen. Und wir sehen uns ja so selten ... Was passiert? Ich bleibe zu Hause. Aber ich bleibe nicht nur zu Hause, denn meine Mutter war wieder shoppen. Die nächste Tüte Schokobons wird geknackt, und das Ganze passiert nun fünf Tage hintereinander. Nach fünf Tagen und einem Kilo Schokolade sind zehn Kilometer Laufen in weite Ferne gerückt.

Jetzt passiert das Ganze fünf Jahre hintereinander. Plötzlich ist aus zehn Kilometern Laufen ein Mythos geworden, denn ich kann mir überhaupt nicht mehr vorstellen, dass ich jemals mal zehn Kilometer laufen war.

Wir alle haben einen Input, etwas, was wir in unser Leben hineingeben, und einen Output, etwas, was herauskommt. Ein Input könnte etwas sein wie die Nahrung, die ich zu mir nehme. Ein Input könnte aber auch sein, ob ich Sport mache oder nicht. Ein Input könnten die Menschen sein, die mich umgeben. Sind es Menschen, die mir guttun? Sind es Menschen, die mich inspirieren, oder sind es Menschen, die mir immer wieder in den Rücken fallen, die mich ständig runterziehen, die mich immer kleinhalten?

Ein Input könnten aber auch die Gedanken sein, die ich mir mache. Bin ich hier mein eigener bester Freund, oder bin ich mein eigener Feind? Was macht mich aus, wie sieht mein Input aus, den ich in mein Leben hineingebe?

Der Output ist dann das, was dabei herauskommt. Das heißt, die Energie, die ich habe. Das Leben, das ich führe.

Ihr Lebensrezept

Stellen Sie sich zum Beispiel jemanden vor, der morgens eine Stunde, bevor er aufstehen müsste, aufsteht, ein bisschen Sport macht, jetzt nicht pedantisch viel, aber ein bisschen. Der auf seine Ernährung achtet, einer Beschäftigung nachgeht, die ihm Spaß macht, und sich mit Menschen umgibt, die ihm guttun. Hat derjenige eher viel oder eher wenig Energie? Vermutlich hat er eine ganze Menge Energie.

Jetzt überlegt sich derjenige: Ach Mensch, die Stunde, die ich da morgens früher aufstehe, die kann ich auch länger schlafen. Schlaf ist ja auch sehr wichtig, und Sport ... ach, wofür? Sport kann ich auch aus meinem Leben verbannen. Das Gleiche gilt auch für gesundes Essen. Dieses zuzubereiten, kostet täglich viel zu viel Zeit. Das bedeutet, fünf- bis sechsmal Fast Food in der Woche ist auch völlig in Ordnung. Was passiert mit der Energie desjenigen? Sie wird logischerweise weniger, denn bei schlechterem Input wird auch der Output qualitativ schlechter. Jetzt hat er weniger Energie, einen qualitativ schlechteren Output. Mit anderen Worten: Es geht ihm schlechter.

Was passiert jetzt mit seinem Input? Logisch wäre, dass er die Verschlechterung sofort bemerkt und wieder mehr Input gibt beziehungsweise den Input ändert. Das tut er aber in der Regel nicht. Es geht ihm schlechter, und er gibt noch weniger Input. Dadurch wird der Input noch schlechter, und plötzlich ist er in einer Spirale, die ihn nach unten zieht. Es wird immer schlimmer.

Diese Spirale können Sie anhalten und sogar zurückdrehen, indem Sie sich eine Frage stellen. Diese Frage ist völlig wertfrei. Entscheidend ist nur, dass Sie sich selbst diese Frage ehrlich beantworten.

Das ist tatsächlich eine Übung, von der ich mir wünschen würde, dass Sie diese vielleicht die nächsten zwei bis drei Wochen relativ regelmäßig immer, wenn Sie daran denken, umsetzen. Wenn ich das esse, worauf ich jetzt gerade Appetit habe, wenn ich Sport mache oder auf der Couch sitzen bleibe, wenn ich mich mit diesen Menschen umgebe, mit denen ich mich gleich freiwillig umgeben werde, wenn ich mir diese Gedanken mache, die ich mir jetzt gerade mache:

Bin ich damit jetzt gerade gut zu mir selbst?

Wenn die ehrliche Antwort darauf „*Ja*" lautet, dann ist alles gut. Alles in Ordnung. Dann können Sie alles so weitermachen, wie Sie es bisher gemacht haben.

Entscheidend ist, dass Sie dabei wirklich ehrlich zu sich selbst sind. Wenn ich mir zum Beispiel sage: Ich esse heute Abend eine Tafel Schokolade, dann bin ich gut zu mir selbst, weil das für mich einen besonderen Genuss bedeutet. Und wenn das ab und zu mal vorkommt, bin ich damit eindeutig gut zu mir. Wenn ich dagegen jeden Abend eine Tafel Schokolade verputze, bin ich definitiv nicht gut zu mir, egal, wie gut sie mir schmeckt.

Wenn aber die Antwort auf die Frage „*Nein*" lautet, dann stellen Sie sich bitte eine zweite Frage. Nämlich die Frage: Was kann ich tun, was kann ich verändern, um wieder gut zu mir selbst zu sein?

Ein Seminarteilnehmer fragte mich mal: „*Aber Thorge, muss ich denn immer gut zu mir selbst sein?*" Eine spannende Frage, oder? Sie müssen gar nichts. Aber wenn Sie nicht mehr gut zu sich selbst sind, dann erwarten Sie doch bitte auch nicht, dass noch irgendjemand anderes gut zu Ihnen ist. Erwarten Sie doch bitte nicht, dass irgendjemand Ihnen etwas gibt, was Sie sich selbst nicht bereit sind zu geben. Dann fragte er: „*Thorge, heißt das, ich darf nicht mehr an den Ballermann fahren?*" Das heißt es überhaupt nicht. Wenn Sie das Gefühl haben, die nächsten drei Tage mal Hardcoreparty und Ballermann zu brauchen, dann sind Sie damit völlig gut zu sich selbst. Wenn Sie das Gefühl haben, das die nächsten drei Monate zu brauchen, würde ich es in Frage stellen, ob Sie damit wirklich gut zu sich selbst sind.

Wenn Sie an einem Abend eine Tafel Schokolade brauchen, sind Sie vermutlich gut zu sich selbst. Wenn Sie aber die nächsten fünf Wochen jeden Abend eine Tafel Schokolade brauchen, dann würde ich das in Frage stellen. Hier ist die eigene Ehrlichkeit gefragt.

Bin ich gerade gut zu mir selbst, und was kann ich tun, wenn ich es nicht bin, was kann ich verändern? Gerade Mütter oder Eltern generell haben hiermit ein großes Problem. Sie sagen: *„Ich kann so oft nicht gut zu mir selbst sein, weil ich so oft für meine Kinder zurückstecken muss."* Vorsicht, Sie können nur dann etwas geben, wenn Sie selbst noch etwas haben.

Energie auftanken

Achten Sie darauf, dass Sie für sich selbst Momente einbauen, in denen Sie ganz bewusst wieder auftanken. Nehmen Sie sich einen Tag in der Woche für sich Zeit und sagen Sie sich: Mensch, heute ist mein Tag. Es geht nur um einen einzigen Tag in der Woche, einen Tag von sieben. An diesem besonderen Tag achten Sie genau auf das, was Sie essen. Machen Sie ganz bewusst Sport. Umgeben Sie sich an diesem Tag möglichst nur mit Menschen, mit denen Sie sich auch wirklich umgeben möchten. Wenn Ihnen an diesem Tag, Ihrem Tag, jemand blöd kommt, sagen Sie einfach: *„Du kannst gerne morgen wiederkommen. Heute nicht. Heute ist mein Tag."*

Wie erwähnt, es ist nur ein Tag von sieben. Wenn das zu viel ist, nehmen Sie sich doch erst mal einen Tag von dreißig. Einen Tag im Monat. Wenn sie es schaffen, sich einen Tag im Monat zu gönnen, dann klappt es vielleicht auch bald mit einem in der Woche. Nur ein einziger Tag pro Woche. Wenn ein Tag in der Woche möglich ist, klappt es vielleicht auch irgendwann mit zwei in der Woche. Das heißt nicht, dass Sie an diesem Tag total egoistisch werden sollen. Aber es heißt, dass Sie bewusst darauf achten sollen, Energien wieder aufzutanken.

So absurd es im ersten Moment vielleicht klingen mag, so wichtig ist es aber doch, sich solche Tage und Momente zuzugestehen. Ich will es anhand eines praktischen Beispiels erklären:

Ich nehme eine Flasche, die ca. zur Hälfte mit Wasser gefüllt ist. Nun stelle ich mich vor eine Gruppe und halte diese Flasche am ausgestreckten Arm nach oben. Ich frage die Gruppe: *„Wie schwer ist diese Flasche Wasser?"* Daraufhin fragen einige, ob es um das Gewicht mit Flasche oder ohne geht, andere sagen vielleicht 600 Gramm und werfen unterschiedlichste Schätzungen in den Raum. Schließlich kommt irgendjemand zu der Erkenntnis zu sagen: *„Es kommt ganz darauf an, wie lange Sie die Flasche so halten müssen. Die wird nämlich von Moment zu Moment schwerer."*

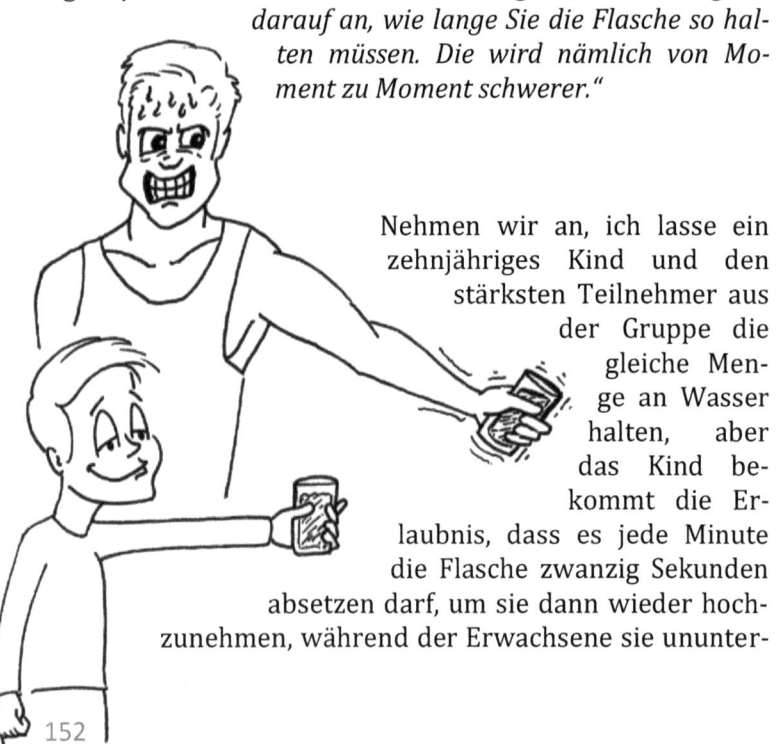

Nehmen wir an, ich lasse ein zehnjähriges Kind und den stärksten Teilnehmer aus der Gruppe die gleiche Menge an Wasser halten, aber das Kind bekommt die Erlaubnis, dass es jede Minute die Flasche zwanzig Sekunden absetzen darf, um sie dann wieder hochzunehmen, während der Erwachsene sie ununterbrochen hochhalten muss. Wer kann die Flasche länger halten? Die Antwort liegt auf der Hand: Das Kind, obwohl es im ersten Moment offensichtlich schwächer ist.

Das bedeutet: Egal, wie stark wir sind, es ist wichtig, dass wir uns Momente einbauen, in denen wir bewusst wieder auftanken können. Es ist wichtig, dass wir uns solche Momente in unser tägliches Leben einbauen, in denen wir uns bewusst sagen können, daraus schöpfe ich Energie, um durchzuhalten.

Das Wort *„Work-Life-Balance"* ist meiner Ansicht nach der größte Unsinn überhaupt. Es suggeriert, dass Work (Arbeit) Energie kostet und Life (Leben/Freizeit) Energie gibt. Aber das stimmt so nicht. Es gibt durchaus Dinge in der Freizeit, die uns keine Energie geben. Ich möchte einmal denjenigen sehen, der nach drei Stunden vor dem Fernseher aufsteht und sagt: *„Jetzt habe ich aber Power."*

Umgekehrt gibt es hoffentlich auch bei Ihnen durchaus Momente bei der Arbeit, die Sie erfüllen. Solche Aktivitäten und Momente geben uns Kraft und lassen uns bei der Arbeit unsere Energie wieder auftanken. Es ist wichtig, unsere Energieressourcen zu kennen. Wir müssen wissen, aus welchen Quellen wir Energie schöpfen können, um unsere Akkus immer wieder aufzuladen, bei der Arbeit oder auch in der Freizeit. Es geht nicht so sehr um eine Work-Life-Balance, sondern vielmehr um eine Energiebilanz.

Was tun Sie, um gut zu sich selbst zu sein?

_____

_____

_____

_____

_____

_____

_____

Was können Sie tun, verändern, um wieder gut zu sich selbst zu sein?

_____

_____

_____

_____

_____

_____

Wann bauen Sie Momente ein, um aufzutanken?

_____

_____

_____

_____

_____

_____

_____

_____

An welchem Wochentag sagen Sie: *„Das ist mein Tag!"*? Und warum?

_____

_____

_____

_____

_____

_____

_____

KAPITEL 8

AM ENDE ZÄHLEN NUR TATEN!

Kennen Sie Menschen, die Ihnen erzählen, was sie so alles tun könnten? All die schönen Dinge, die sie gerne machen würden. Wie gerne sie Zeit mit Ihnen verbringen würden, wie toll es wäre, Sport zu machen, wie gerne sie einen anderen Job hätten, ein Instrument lernen würden oder eine Sprache oder beides gleichzeitig ... Und, und, und ...

Leider ist das, was Sie gerne tun würden, nur dann entscheidend, wenn Sie es auch umsetzen. Es ist sicher ganz wunderbar, gute Vorsätze zu haben, aber ohne diese in die Tat umzusetzen, sind sie nicht mehr als heiße Luft.

Machen statt versuchen

Einige der Ausreden, die viele von uns benutzen, hängen mit dem Wort „versuchen" zusammen. „Ich werde es mal versuchen ..." Was bedeutet das? Volle Hingabe, Handlung, 100 % Einsatz? Das klingt für mich nicht so. Achten Sie doch bitte in Zukunft mal darauf, wann sie das Wort „versuchen" benutzen, und fragen Sie sich: Will ich das, was ich da gerade anspreche, wirklich umsetzen oder nicht? Wenn Sie es umsetzen wollen, dann sagen Sie nicht mehr: „Ich werde versuchen, meine Er-

nährung umzustellen", sondern: *„Ich stelle meine Ernährung um."* Aus: *„Ich werde versuchen, dreimal in der Woche zum Sport zu gehen"*, sollte werden: *„Ich gehe dreimal in der Woche zum Sport."* Aus: *„Ich werde versuchen, Dich um 17.00 Uhr anzurufen"*, wird: *„Ich rufe Dich um 17.00 Uhr an."*

Ganz ehrlich: In welches Flugzeug würden Sie eher einsteigen, in eines, bei dem der Pilot sagt: *„Keine Sorge, ich bringe Sie sicher ans Ziel."*, oder in eines, bei dem er sagt: *„Ich will es mal versuchen, Sie sicher ans Ziel zu bringen."*?

Ihr Leben wartet: Tun Sie es einfach!

Was ich damit sagen möchte, ist: Dies hier ist Ihr Leben. Und zwar in jedem einzelnen Moment. Sie dürfen sich auch weiterhin ab und zu mal schlecht fühlen, sauer sein, traurig sein, beleidigt sein, neidisch sein usw., denn niemand ist komplett frei davon. Aber Sie dürfen sich auch freuen, lieben, lachen, verzeihen, Pläne schmieden und all die Dinge tun, die Ihnen Spaß machen. Die Entscheidung liegt bei Ihnen. Es ist Ihre Zeit und Ihr Leben. Machen Sie das Beste für sich daraus. Belassen Sie es nicht bei einem billigen Versuch, das Beste aus Ihrem Leben zu machen, sondern tun Sie es einfach. Worauf warten Sie eigentlich? Denn am Ende zählen nur Taten, und man bereut am ehesten die Dinge, die man nicht getan hat.

Ich wünsche Ihnen viel Erfolg und alles Gute!

Ihr Thorge Lorenzen

Buchempfehlungen

Folgende Bücher und Autoren haben unter anderem als Inspiration für dieses Buch gedient. Wenn Ihnen mein Buch gefallen und Sie noch mehr über die Materie erfahren möchten, empfehle ich Ihnen folgende Bücher und Autoren.

Daniel Coyle: *Die Talent-Lüge: Warum wir (fast) alles erreichen können*, Bastei Lübbe (Lübbe Ehrenwirth); Auflage: 1 (2009)

Gerald Hüther*: Raus aus der Demenz-Falle!: Wie es gelingen kann, die Selbstheilungskräfte des Gehirns rechtzeitig zu aktivieren*, Arkana; Auflage: 1 (2017)

John Kehoe: *Mind Power. Erkennen - Transformieren - Handeln. Der praktische Weg zu Gesundheit, Lebensfreude und Erfolg*, Windpferd; Auflage: 1 (1989)

Ken Robinson*: In meinem Element: Wie wir von erfolgreichen Menschen lernen können, unser Potenzial zu entdecken*, Arkana (2010)

Malcom Gladwell: *Blink! Die Macht des Moments*, Little (2005)

Malcom Gladwell: *Überflieger: Warum manche Menschen erfolgreich sind - und andere nicht*, Campus Verlag; Auflage: 1 (2009)

Malcom *Gladwell: - David und Goliath: Die Kunst, Übermächtige zu bezwingen*, Piper Taschenbuch (2015)

Martin Selingman: *Erlernte Hilflosigkeit*, BeltzPVU (1999)

Robert T. Kiyosaki: *Rich Dad Poor Dad*, Plata Publishing (2011)

Vera Birkenbihl: *Stroh im Kopf? Vom Gehirn-Besitzer zum Gehirn-Benutzer*, mvg Verlag (2013)

Danksagung

Ich bedanke mich ganz herzlich bei allen, die an diesem Buch mitgearbeitet haben. Anja, Heidi und Jens fürs Gegenlesen und Euer wertvolles Feedback. Patrice danke ich für die großartigen Zeichnungen. Außerdem möchte ich mich bei Onkel Austin bedanken, der mir schon früh im Leben beigebracht hat, wieviel Kraft unsere Gedanken haben. Und bei Robert Brass und Regina Henning, die beide immer daran geglaubt haben, dass ich irgendwann ein Buch schreiben werde. Ich bedanke mich ganz herzlich bei Robin, Pat, Bill, Cathy und Ana-Mari, die mir geholfen haben, aus einem hässlichen Entlein einen Schwan entstehen zu lassen. Ich bedanke mich bei Arne, Tamo, Heidi D., Olivia, Franziska, Tara, Anne, Heidi T., Evelyn, Eric und Simone, weil sie immer an mich geglaubt haben und mein Leben durch ihre Inspiration und die tollen Gespräche so sehr bereichert haben. Der gleiche Dank gilt Marlies B., ohne deren Hilfe damals auf Lanzarote mein Training und damit dieses Buch vielleicht nie entstanden wäre.

Ich bedanke mich außerdem herzlich bei meiner wunderbaren Familie. Ganz besonders bei Karena, Wölli und ihren unglaublich tollen Kindern. Ihr seid einfach großartig!

Ich bedanke mich bei meiner Mutter, die mich so oft daran erinnert, in schwierigen Situationen positiv zu bleiben und immer einmal mehr aufzustehen, als man hingefallen ist. Und bei meinem Vater, der als mein großes Vorbild dient, wenn es darum geht, Ruhe zu bewahren, und der mehrfach die Größe bewiesen hat, seine gewohnte Denkweise in Frage zu stellen und seine Komfortzone zu erweitern.

Mein ganz besonderer Dank gilt meinem guten Freund Conny. Ohne Deine Hilfe wäre dieses Buch nie entstanden und wahrscheinlich auch nie fertig geworden. Danke, dass Du an mich geglaubt hast. Danke für die vielen Stunden, Tage und Wochen, die Du an Arbeit in dieses Buch gesteckt hast. Und danke, dass Du mir beigebracht hast, dass Bücher schreiben Spaß machen kann.